LOW FAT 30

SCHNELL GEKOCHT

Gabi Schierz/Gabi Vallenthin

LOW FAT 30

SCHNELL GEKOCHT

Einleitung

Inhalt

Rezepte 16
Snacks und kleine Gerichte 18
Suppen 30
Salate 38
Gerichte mit Gemüse 46
Gerichte mit Fleisch 58
Gerichte mit Fisch 64
Süße Hauptgerichte 68

Einleitung
LOW FETT 30 – Abnehmen ohne
viel Aufwand 5
Wieso funktioniert LOW FETT 30? ... 8
LOW FETT 30 in der Praxis 10
Hinweise zu den Rezepten 15

Anhang
LOW FETT 30 Tabelle 74
Rezeptverzeichnis 78
Register 79

LOW FETT 30 – Abnehmen ohne viel Aufwand

Es ist ganz einfach

Sie möchten fettärmer essen. Sie möchten abnehmen, sich fit fühlen, aber leider fehlt's an der Zeit. Gerade Abnehmen gilt als kompliziert, arbeitsaufwändig und zeitraubend. Mit LOW FETT 30 ist das schon erheblich einfacher:
Sie passen nur beim Einkaufen wirklich auf, „bereinigen" in den nächsten Wochen noch Ihre Vorratsschränke und Sie haben den Grundstein gelegt, um ohne Zeit-Akrobatik gesünder zu leben und abzunehmen. Innerhalb von 3 Wochen sollten Sie nur noch Produkte im Hause haben, die LOW FETT 30 sind, also nicht mehr als 30 % ihrer Kalorien aus dem Fett beziehen. Ob die einzelnen Produkte LOW FETT 30 sind können Sie mit folgender Formel errechnen:

$$\frac{\text{Fettgehalt in g pro 100 g} \times 9 \times 100}{\text{Gesamtkaloriengehalt pro 100 g}} = \% \text{ Fettkalorien}$$

Die Werte für Gramm Fett und Gesamtkalorien entnehmen Sie ganz einfach den Nährwertangaben, die sich immer häufiger auf der Rückseite von Lebensmittelverpackungen befinden. Auch unsere Nährwerttabelle am Ende des Buches (S. 74–77) gibt Ihnen Aufschluss über die Bewertung der gängigen Lebensmittel in Bezug auf LOW FETT 30.
Wenn Sie von nun an Ihre Lebensmittel fettbewusst einkaufen, können Sie nicht mehr allzu viel falsch machen.

Beachten Sie nur diese 3 Regeln

Bei LOW FETT 30 gibt es 3 Regeln:
1. Essen Sie, wenn Sie Hunger haben. Das heißt: Sie sollen essen, essen ist nicht verboten oder verpönt. Doch Sie sollten nur dann essen, wenn Sie Hunger haben und nicht aus Frust oder Langeweile. Entscheidend für Ihren Erfolg ist es, die verschiedenen Motive für Essen zu erkennen und nur dann zu essen, wenn das Motiv Hunger ist.
2. Hören Sie auf, wenn Sie satt sind. Essen Sie sich satt, picken Sie nicht wie ein Vögelchen und stehen Sie nicht mit knurrendem Magen auf. Hören Sie mit dem Essen auf, wenn Sie satt sind, nicht pappsatt.

3. Alles was Sie essen, soll LOW FETT 30 sein. Das gilt für jedes Nahrungsmittel, jedes Essen, das Sie zubereiten – egal ob als Fertigprodukt, als Süßigkeit, als gekochtes Essen oder als belegtes Brot.

Mehr müssen Sie nicht beachten. Wer sich an diese drei Regeln hält, beugt ernährungsbedingten Erkrankungen vor, auch wenn er heute schlank ist. Denn unsere Überernährung, gerade in Bezug auf das Fett, wirkt sich nicht bei allen am Hosenbund aus. Manch einer bleibt trotz zu fetter Ernährung dünn, hat aber trotzdem einen zu hohen Cholesterinspiegel.

Bewegung ist wichtig

Bewegung heißt, ein Bein vor das andere zu setzen, Sauerstoff durch den Körper zu pusten, die Muskeln einzusetzen – und hat nichts mit dem klassischen Schulsport zu tun. Sie müssen also weder Leistungen erbringen noch sich benoten lassen. Sie sollen einfach den Allerwertesten aus dem Sessel heben, sich ein paar bequeme Sportschuhe anziehen und an der frischen Luft zügig gehen oder langsam joggen ohne Luftnot zu bekommen. Die Dosis können Sie nach Trainingszustand durchaus steigern, aber ärgern Sie Ihren Körper nicht mit überzogenen Zielen.

Wenn Sie es schaffen, Ihre derzeitigen sportlichen Aktivitäten zu steigern, sich mehr zu bewegen, dann kommen Sie Ihren persönlichen Zielen mit Sicherheit schnell näher. Vor allem bei erhöhtem Puls (ca. 130 Schläge für den Anfang) sollten Sie mehrmals in der Woche länger als 30 Minuten, idealerweise länger als 60 Minuten walken oder joggen.

Einige psychologische Tricks

Ziele müssen erreichbar sein

Falls Sie heute über 100 Kilo wiegen sollten, sollte Ihr Ziel eine „UHU" sein (**U**nter **HU**ndert!). Falls Sie 85 Kilo wiegen, peilen Sie erst einmal die 79 Kilo an und wenn Sie das geschafft haben, dann können Sie auch mit den 75 Kilo flirten.

Geben Sie sich Zeit

Beachten Sie: Je näher Sie an Ihrer Idealfigur dran sind oder je mehr Diäten Sie schon durchgezogen haben, um so länger werden Sie brauchen, bis sich erste Erfolge sehen lassen. Auch wenn Sie's mit dem Abnehmen eilig haben: Die Zeit müssen Sie sich und Ihrem Körper geben.

Wie lange haben Sie gebraucht, um sich das, was Sie „zu viel" haben, anzufuttern? Geben Sie sich deshalb ein Drittel dieser Zeit, um es wieder loszuwerden. Das ist gesünder als Crashkuren, „magische" Suppen und einseitige Diäten.

Sie haben überhaupt keine Geduld? GAR NICHT? Dann machen Sie sich bitte eines klar: Egal womit Sie schnell abnehmen, spätestens nach Erreichen Ihres Zielgewichtes stellt sich das viel größere Problem ein: Das neue Gewicht zu halten.

Wenn Sie nicht ständig Ihr Essen kontrollieren, wiegen oder zählen wollen, geht das wirklich am besten mit LOW FETT 30.

Noch ein Wort zum Wiegen!

Wiegen Sie sich noch genau ein einziges Mal und dann räumen Sie bitte die Waage in den Keller, auf den Speicher oder Sie geben sie einer Freundin. Und dann wiegen Sie sich höchstens noch alle vier Wochen. Sie werden in jedem Fall merken, wenn Sie abnehmen. An Ihren Hosen, an Ihrem Körpergefühl oder an der Reaktion Ihrer Kollegen und Freunde. Auch wenn Sie zunehmen sollten (das ist ja sicher Ihre größte Sorge!) merken Sie das ebenso. Machen Sie sich also von der Vorstellung frei, dass man sich wiegen muss, um schlank zu werden.

Wieso funktioniert LOW FETT 30?

Zu viel Fett macht fett

Der „Trick" ist, dass uns ernährungsphysiologisch in erster Linie zu viel Fett fett macht. Vor allem die Kombination Kohlenhydrate und Fett ist gefährlich: Durch zu viel Zucker (Kohlenhydrate) steigt der Insulinspiegel (Anmerkung: Insulin ist ein Hormon, das von der Bauchspeicheldrüse ausgeschüttet wird, um den Blutzuckerspiegel in einem für den Körper erträglichen Maß zu halten) im Blut an und so lange der hoch ist, kann Fett ungehindert in die Fettdepots „durchmarschieren" und sorgt für Speckröllchen.

„Brandheiße" Mischungen sind z. B. Sahnetorten, Fritten oder Currywurst mit Cola oder Limonade, Sahnetrüffel oder gebackener Camembert mit Preiselbeeren. Auch ein dickes Käsebrot ist nicht ohne. Denn auch die Kohlenhydrate im Brot werden zu Zucker aufgespalten, der Insulinspiegel steigt an und das Fett aus dem Käse geht in die Depots.

Kohlenhydrate machen glücklich und satt

Kohlenhydrate alleine sind längst nicht so gefährlich für uns. Sie kommen vorwiegend in Nährmitteln (Reis, Kartoffeln, Nudeln und Getreide), Gemüse, Obst aber auch in Zucker, Honig und Gummibärchen vor. Sie machen zufrieden, füllen den Magen und weil sie weniger als die Hälfte der Kalorien haben als Fett (4 kcal pro Gramm Kohlenhydrate und 9 kcal pro Gramm Fett), sind Sie mit weniger als der Hälfte der Kalorien genauso satt wie mit fettreichen Lebensmitteln.

Kohlenhydratreiche Lebensmittel gehen auch häufig mit Ballaststoffen einher. Ballaststoffe quellen im Magen auf und machen dadurch satt. Sie werden aber nicht vom Körper aufgenommen und verstoffwechselt, also in Energie umgewandelt, sondern stattdessen wieder ausgeschieden. Ist das nicht toll, Ballaststoffe füllen und pflegen Ihren Darm, halten Sie länger satt, machen aber nicht dick. Aber Achtung: immer genügend trinken!

Der größte Teil der Fettträger, also Fleisch, Sahne, Butter, Margarine oder fette Milchprodukte (Käse, Sahnequark, …), hat überhaupt keine Ballaststoffe – entsprechend viel kann man vergleichsweise davon verzehren (vor allem, wenn man schnell isst!) und um so energiereicher ist die einzelne Portion.

Ein Vergleich

Drei Löffel Sahnequark sind schnell gegessen, sie haben etwa 120 kcal. Für diese 120 kcal können Sie eine ganze Scheibe Brot essen und an der haben Sie eindeutig länger zu kauen!
Kohlenhydratreiche Produkte (Brot, Vollkorn-Nudeln, Vollwert-Reis, Gemüse, Obst, Müsli) sind – gerade wenn sie nicht industriell behandelt werden – reich an Ballaststoffen. Sie liefern Energie, Körperwärme, gute Laune und Zufriedenheit.

Fazit für Naschkatzen

Wenn Sie jetzt eine Fressattacke mit LOW FETT 30-Süßigkeiten wie einer Tüte Gummibärchen oder einer Packung Schokoschaumküssen ausleben würden, würden Sie sich zwar viele Kalorien zuführen, aber da diese Kalorien aus Zucker-Überschuss nicht in dieser Form speicherfähig wären, müsste Ihr Körper bereits 25 % des zugeführten Energieüberschusses darauf verwenden, den Zucker zu Fett umzubauen. Bei einer entsprechenden Fressorgie mit Schokolade könnte Ihr Körper das Fett ungehindert in die Depots schieben.

LOW FETT 30 in der Praxis

Mit dem Einkauf fängt alles an

Die Entscheidung für Ihre Figur fällt beim Einkaufen. Wenn Sie hier so wenig Fehler wie möglich machen (also aus dem reichhaltigen Angebot von LOW FETT 30-Lebensmitteln wählen), dann fallen eventuelle Fehler (durch Fressattacken, Frustessen etc.) nicht so ins Gewicht – eine entsprechend fettarme Zubereitung vorausgesetzt. Im Wochendurchschnitt führen Sie Ihrem Körper mit LOW FETT 30 genügend, aber deutlich weniger Energie als vorher zu. Das heißt, Ihre Fettdepots können nach und nach verschwinden, ohne dass Sie hungern oder Kalorien zählen.

Selber kochen oder Imbissbude

Gut, Sie haben keine Zeit, um mit Muße am heimischen Herd zu köcheln und brutzeln?
Damit Sie sich während der Woche aber nicht ausschließlich von Fertiggerichten, von der Imbissbude und Kantine ernähren, haben wir in diesem Buch Rezepte für Sie ausgewählt, die wirklich schnell gehen, dabei aber frisch sind und gut schmecken. Und sollten Sie einen Gefrierschrank haben, um so besser. Viele der Suppen und warmen Hauptgerichte aus diesem Buch können Sie einfach in größeren Mengen vorkochen und dann portionsweise einfrieren. Ob Sie jetzt für vier oder für acht Personen kochen, der Zeitaufwand ist so gut wie gleich. Sie haben jedoch immer etwas im Hause und können, wenn Sie mal so gar keine Lust zum Kochen haben, einfach etwas aus dem Gefrierschrank nehmen und aufwärmen.

Und zum Dessert gibt's dann mal einen schnell angerührten Speisequark mit Früchten, oder noch einfacher, nur Obst. Obst ist sowieso die allerschnellste Blitzküche. Einen Apfel müssen Sie vorher nur kurz abspülen und schon ist er zum Reinbeißen bereit. Eine Banane ist sogar noch schneller verzehrfertig: greifen, schälen, fertig. So einfach ist das.

Der innere Schweinehund

Es ist so verlockend, einfach nur eine Packung aufzumachen, Irgendwas in kochendes Wasser zu rühren (oder kochendes Wasser in die Packung zu schütten!), und schon ist das Abendessen fertig.

Mit Fertiggerichten verkommt Essen zur reinen Magenfüllung: Packung auf, schnell heiß gemacht und im Stehen verdrückt. Der Witz ist dabei, dass man deshalb auch in aller Regel mehr isst. Essen Sie mit Genuss und nicht in der Geschwindigkeit, wie Sie Ihr Essen erwärmen können: 3 Minuten auf 600 Watt, 3 Minuten mit Rundschlag in den Mund.
Stopp!
Schluss damit!

Kleiner Exkurs: Fertigprodukte – schnell und ungesund

Der Nachteil der Fertigprodukte: Ein großer Teil dieser Produkte enthält Geschmacksverstärker, Konservierungsstoffe, Farbstoffe, Quellmittel, viel Zucker, viel Salz und irgendwelche Stoffe mit einem E vorneweg – kurzum – von Natur lange nichts mehr zu merken.

Das alleine wäre nicht schlimm, aber solche Nahrungsmittel beeinflussen Ihren Organismus und wirken sich auf Ihre Geschmacksnerven aus. Wer viel Fast Food, denaturierte Nahrungsmittel, leere Kalorienträger mit wenigen Ballaststoffen isst, wird gar nicht richtig satt (denken Sie mal an Hamburger oder Hotdogs, man hat das Gefühl, man könnte auch 10 Stück davon essen, und der 11. und 12. wären auch kein Problem) und verdrückt die doppelte Portion.

Außerdem hat man mehr Appetit. Daran sind die Geschmacksverstärker schuld. Viele davon wirken wie Appetitmacher. Und man gewöhnt sich an diesen industriellen Geschmack. Natürliche Nahrungsmittel schmecken für viele „heavy user" von Fertigfutter sogar fad, und dann würzen sie mit Fertigwürzen, viel Salz, viel Pfeffer. Das trifft besonders auf Kinder zu, die durch Fertiggerichte auf bestimmte Geschmackskategorien getrimmt werden und

Einleitung

gar nicht mehr wissen, wie Puddings, Nudelsaucen, Aufläufe oder Kuchen schmecken, die selbst gemacht worden sind. Als Folge davon wenden sie sich immer mehr von natürlichen Nahrungsmitteln ab – und giftgrünen, knallroten, pappsüßen und „uniformiert gewürzten" Speisen zu.

Kaufen Sie Frische ein

Genießen Sie die Vielfalt der Nahrungsmittel. Ein Besuch in Ihrem Supermarkt oder bei Ihrem Gemüsehändler ist bereits ein Erlebnis: Da gibt es tolle Gemüsesorten, exotisches Obst, raffinierte frische Kräuter und jedes Jahr auch neue Sorten. Wählen Sie zwischen roten Linsen und Champagnerlinsen, entscheiden Sie sich für gelbe oder grüne Schälerbsen, frische Kresse auf dem Salat oder leicht gedünsteten Chicorée. Es ist Ihr Teller, gönnen Sie sich das Beste darauf. Frischer Fisch, frisches Fleisch, knackiges Gemüse – Essen ist ein umfassendes Erlebnis für alle Sinne.

Und wenn es wirklich das Fertiggericht sein muss: Ein paar Stückchen Paprika oder frische Gurkenscheiben, ein Salat dazu und etwas Kresse, das ist ein Kompromiss, den Sie machen sollten!

Organisieren Sie Ihre Küche

Kaufen Sie frische Zutaten ein und verbrauchen Sie sie nach Haltbarkeit: Rucolasalat muss am gleichen Tag gegessen werden, Romanasalat hält sich vier Tage, Tomaten eine Woche. Also gibt es am Samstag Rucola, am Dienstag Romanasalat und den Tomatensalat mit Paprikastreifen und Möhren essen Sie am Freitag. Das ist nur eine Frage der Planung.

Ein weiterer Grund für den Unwillen, selbst zu kochen, liegt in einer Küchenausstattung, die keine Lust aufs Kochen macht.

Hier die Utensilien, die Sie wirklich haben sollten:

▷ Kleine Küchenmesser, mit und ohne Zacken, die *wirklich* schneiden
▷ Mehrere Schneidebrettchen (z. B. aus Kunststoff) für Zwiebeln, Gemüse und Fleisch
▷ Töpfe, in denen nicht alles sofort anbrennt
▷ Pfannen mit fest angeschraubten, nicht wärmeleitenden Griffen
▷ Genügend Rührschüsseln und kleine Schüsselchen zum Anrichten
▷ Einen Herd, dessen Platten schnell heiß werden
▷ Einen Backofen (idealerweise mit Heißluft)
▷ Pfeffer- und Salzmühle
▷ Knoblauchpresse

▷ Genügend Licht auf einer ausreichend großen Arbeitsfläche

Folgende Zutaten sollten Sie immer im Haus haben:
▷ Balsamessig
▷ Kaltgepresste Öle
▷ Gewürze neueren Datums
▷ Joghurt, Magerquark
▷ Obst
▷ Salat
▷ Brot, Nudeln, Reis
▷ Tiefkühlgemüse
▷ Müslis

Und wenn Sie's perfekt lieben:
▷ Eine Geschirrspülmaschine
▷ Eine Küchenmaschine oder einen vernünftigen Handmixer
▷ Einen Pürierstab

Jede Wette: Wenn Sie Ihre Küche so eingerichtet haben und eine Weile nach diesem Kochbuch kochen, werden Sie auch Geschmack an umfangreicheren Kochhappenings finden.

Tipp aus der Praxis:
Machen Sie auch einmal einen Aushang am schwarzen Brett Ihres Supermarktes, dass Sie Leute suchen, die mit Ihnen zusammen LOW FETT 30 machen: Dann haben Sie beim Essen, Kochen und Sport „Leidensgenossen" – das macht es an „faulen Tagen" leichter, sich aufzuraffen, ganz abgesehen vom Spaß!

Unsere Rezepte sind einfach

Ein weiterer Grund ist die Angst vor Misserfolgen. Die LOW FETT 30-Rezepte sind einfach zu kochen. Sie müssen dazu wahrlich kein Profi sein.

Kochen und essen Sie mit Genuss

Auch wenn ein Gericht in 20 Minuten fertig ist: Genießen Sie es, frische Zutaten zu verarbeiten und ein köstliches Gericht, sparsam gedünstet, mit Biss und Fantasie auf Ihrem Teller anzurichten.
Machen Sie (selbst wenn der Tag hektisch war) eine Kerze und ein bisschen Musik an (leise im Hintergrund), schalten Sie das Handy aus und genießen Sie die Ruhe. Nehmen Sie sich die Zeit fürs Essen. Beim Kochen nach diesem Buch haben Sie ja bereits genügend Zeit eingespart.

Einleitung

Programmieren Sie sich auf Erfolg

Ein neues Verhalten benötigt 21 Tage, bis es Gewohnheit wird. Also: Geben Sie sich für den Anfang 21 Tage.
Und in diesen 21 Tagen denken Sie positiv:
▷ Ja, Sie möchten etwas verändern.
▷ Ja, Sie werden mit LOW FETT 30 Spaß haben.
▷ Ja, Sie werden Kompromisse eingehen, aber kleine!

Sehen Sie die Chancen und die Möglichkeiten und versinken Sie nicht in Selbstmitleid. Denken Sie dran: Mitleid kriegt man geschenkt – nur Neid muss man sich verdienen!

Natürlich werden Sie Dinge anders machen als früher. Aber das heißt ja nicht, dass die neuen Dinge schlechter sind. Sie sind einfach nur... anders.

Erlauben Sie sich, Fehler zu machen

Keiner ist perfekt. Jeder irrt sich mal. Also: Hadern Sie nicht mit sich, wenn Sie mal in eine alte Verhaltensweise zurückfallen – Sie können sich jederzeit auch wieder so verhalten, dass es Ihnen und Ihrer Figur gut tut.

Zeigen Sie Verständnis...

... und das ausnahmsweise mal nicht nur für andere, sondern für sich selbst. Denn so gnadenlos, wie wir mit uns selbst umspringen, sind wir sonst zu niemandem. Wenn also Ihr inneres Kind nach Schokolade, Liebe, Zuneigung und einem Kilo Erdnüssen brüllt: Haben Sie Verständnis und schließen Sie mit sich selbst Kompromisse, ohne Ihr eigentliches Ziel aus den Augen zu verlieren.

Und das lautet: Ich lebe mit LOW FETT 30, weil es besser für mich ist.

Wir wünschen Ihnen viel Erfolg!

Hinweise zu den Rezepten

Zubereitungszeiten
Hier steht die Zeit, die Sie benötigen, um das ganze Gericht zuzubereiten. Sollten dabei längere Zeitspannen auftreten, in denen Sie nichts zu tun haben, so haben wir diese gesondert als Back-, Quell-, Kühlzeit usw. aufgeführt.

Kalorien- und Nährwertangaben
Sie beziehen sich immer auf 1 Portion bzw. 1 Stück des Gerichts. Die Prozentangabe steht für Fettkalorienprozent.
Bei den Nährwertangaben haben wir auch die Kohlenhydratmengen ausgewiesen, um den Lesern, die eine Eiweiß-Formular-Diät unter ärztlicher Aufsicht machen, die Portionsberechnung zu erleichtern.

Hinweis
Bitte beachten Sie, dass Nährwertangaben je nach Datengrundlage variieren können. Außerdem unterliegen die Inhaltsstoffe ein und desselben Lebensmittels natürlichen Schwankungen. Unsere Angaben sind deshalb als Durchschnittswerte anzusehen.

Zutaten
In unseren Rezepten verwenden wir ausschließlich Eier der Gewichtsklasse M und bei Milch die 1,5 %-Variante, bei Quark und Joghurt die Magerversionen. Entsprechend sind unsere Nährwerte gerechnet. Wenn nichts anderes angegeben, gehen wir bei Obst und Gemüse von ungeputzter Rohware aus. Bei Stückangaben beziehen wir uns auf ein Stück mittlerer Größe.

Die Abkürzungen

KH	=	Kohlenhydrate
EL	=	Esslöffel
TL.	=	Teelöffel
g	=	Gramm
geh.	=	gehäuft
gem.	=	gemahlen
ger.	=	gerieben
getr.	=	getrocknet
kcal	=	Kilokalorien (oder einfach: Kalorien)
kg	=	Kilogramm
l	=	Liter
mind.	=	mindestens
ml	=	Milliliter
Msp.	=	Messerspitze
Pck.	=	Päckchen
TK-	=	Tiefkühl-…

Rezepte

Für die Zubereitung einer Mahlzeit müssen Sie nicht Stunden in der Küche verbringen. Mithilfe dieser Rezepte zaubern Sie innerhalb von 30 Minuten eine schmackhafte Mahlzeit, bei der Sie keine Angst um Ihre Figur haben müssen.

Hähnchensalat im Tortillabrot

Zubereitungszeit: ca. 30 Min.
Für 4 Personen

278 kcal · 8,6 g Fett · 27 %
23 g KH

½ Salatgurke
1 Knoblauchzehe
200 g Joghurt, 1,5 % Fett
1–2 EL Zitronensaft
Salz
weißer Pfeffer aus der Mühle
1 rote Zwiebel
500 g Hähnchenbrustfilet ohne Haut
1 EL Öl
¼ – ½ TL gemahlener Kreuzkümmel (Kumin)
1 Bund Rucola (Rauke)
200 g Cocktailtomaten
50 g schwarze Oliven
4 Weizenmehl-Tortillas

1. Die Gurke waschen, schälen, längs halbieren und die Kerne herauslöffeln. Die Gurke auf der groben Seite der Rohkostreibe raspeln. Den Knoblauch schälen.

2. Joghurt und Gurkenraspel verrühren und den Knoblauch dazupressen. Alles mit Zitronensaft, Salz und Pfeffer abschmecken.

3. Die Zwiebel abziehen und würfeln. Das Hähnchenfleisch kalt abspülen, trockentupfen und ebenfalls würfeln.

4. Das Öl erhitzen und die Zwiebelwürfel darin glasig dünsten. Die Hähnchenbrust zugeben und unter Rühren anbraten. Alles mit Salz, Pfeffer und Kreuzkümmel würzen und unter gelegentlichem Wenden bei mittlerer Hitze etwa 5 Minuten braten.

5. Den Rucola putzen, waschen, trockenschütteln und in mundgerechte Stücke zupfen. Die Cocktailtomaten waschen und vierteln. Die Oliven vom Stein schneiden. Rucola, Tomaten und Oliven mischen.

6. Die Tortillas nach Packungsanweisung erwärmen. Jeweils etwa 2–3 EL Joghurtsauce auf einen Fladen geben. Darauf einen Teil der Rucola-Tomaten-Mischung geben. Anschließend die gebratene Hähnchenbrust darauf verteilen. Die Tortillas zusammenrollen, mit einem Hölzchen zusammenstecken und sofort servieren. Die restliche Joghurtsauce extra reichen. Die restliche Rucola-Tomaten-Mischung neben den Tortillas arrangieren.

Hamburger Seemannsgarn

Zubereitungszeit: ca. 15 Min.
Für 4 Stück

354 kcal · 12 g Fett · 30 %
44 g KH

1 Rote Bete
4 Baguette-Brötchen
4 Blätter Kopfsalat
½ Bund Schnittlauch
50 g Schmand, 24 % Fett
Salz
weißer Pfeffer aus der Mühle
4 Matjesfilets

1. Die Rote Bete waschen und in reichlich Salzwasser bissfest kochen. Die Rote Bete abkühlen lassen und schälen.
2. Den Backofen auf 220 °C (Umluft 180 °C; Gas Stufe 4) vorheizen. Die Baguette-Brötchen auf der mittleren Schiene 6 bis 8 Minuten aufbacken.
3. Die Salatblätter waschen und trockenschütteln. Den Strunk entfernen. Den Schnittlauch waschen, trockentupfen und in feine Röllchen schneiden.
4. Den Schmand mit dem Schnittlauch verrühren und mit Salz und Pfeffer abschmecken. Die Rote Bete mit einem Bundmesser in dünne Scheiben schneiden.
5. Die Baguette-Brötchen längs halbieren und mit je einem Salatblatt belegen. Ein Matjesfilet auf jedes Salatblatt geben, mit dem Schnittlauchschmand bestreichen und mit etwa 3 Scheiben Rote Bete belegen.
6. Zum Schluss die oberen Brötchenhälften mit dem restlichen Schmand bestreichen und auf die Baguette-Brötchen-Unterhälften setzen.

Variation
Anstelle von Baguette-Brötchen können Sie den Belag auch auf Weizen-Toast geben und als Snack zu einem kühlen Bier servieren.

Tipp
Kochen Sie eine größere Menge Rote Bete und verwenden Sie die übrigen für einen Rote-Bete-Salat. Statt des Schnittlauchs können Sie auch eine Essiggurke fein würfeln und unter den Schmand rühren.

Gefülltes Fladenbrot

Für 4 Personen
Zubereitungszeit: ca. 20 Min.

332 kcal · 10 g Fett · 28 %
43 g KH

100 g griechischer Schafskäse
3 Tomaten
½ Salatgurke
1 kleine gelbe Paprikaschote
100 g Magerquark, 0,3 % Fett
30 g entsteinte, schwarze Oliven
1 EL Olivenöl
1 EL Weißweinessig
1 TL Pizza-Würzmischung
4 große Blätter Eisbergsalat
1 Fladenbrot (300 g)

1. Den Schafskäse mit einer Gabel zerbröckeln. Die Tomaten waschen, trockentupfen, halbieren, die Stielansätze entfernen und in Achtel schneiden.
2. Die Gurke waschen, schälen, längs halbieren und in etwa ½ cm dicke Scheiben schneiden. Die Paprikaschote waschen, putzen und in kleine Würfel schneiden.
3. Das ganze Gemüse mit Schafskäse und Quark in eine Schüssel geben. Oliven, Öl, Essig und Pizza-Würzmischung untermischen. Die Salatblätter waschen und trockenschleudern.
4. Das Fladenbrot in Viertel schneiden. Die Viertel von der Mitte aus so einschneiden, dass Taschen entstehen. Mit einem Esslöffel etwas Salatsauce auf die unteren Hälften der Fladenbrotviertel träufeln, die Eisbergsalatblätter hineinschieben, die Brote mit der Salatmischung füllen und servieren.
(Auf dem Foto)

Tipps
Halten Sie eine Serviette bereit, oft rutscht etwas von der Salatfüllung aus dem Fladenbrot.
Sie können die gefüllten Fladenbrote auch zum Picknick mitnehmen. Dazu sollten Sie die Füllung getrennt vom Fladenbrot in einer gut verschließbaren Plastikdose aufbewahren und erst vor Ort in die Brottaschen geben, damit das Fladenbrot knusprig bleibt.

Ananas-Puten-Sandwich

Zubereitungszeit: ca. 8–10 Min.
Für 4 Personen

358 kcal · 10,3 g Fett · 26 %
19,3 g KH

6 dünne Scheiben Ananas (Dose)
4 Scheiben Toastbrot
4 EL Remouladensauce
4 Scheiben gebratene Putenbrust
4–6 EL gehackte Kresse
4–6 EL Chilisauce
4 Scheiben Butterkäse

1. Die Ananasscheiben halbieren und gut abtropfen lassen.
2. Die Hälfte der Toastbrotscheiben dünn mit Remouladensauce bestreichen. Die Putenbrust- und die Ananasscheiben darauf legen. Mit Kresse bestreuen, mit Chilisauce beträufeln und mit Butterkäse bedecken.
3. Die restlichen Toastbrotscheiben darauf legen und im Sandwich-Toaster 5 bis 6 Minuten toasten. Herausnehmen, diagonal halbieren, anrichten und servieren.

Snacks und kleine Gerichte

Feuertaschen

Zubereitungszeit: ca. 10 Min.
Für 4 Personen

212 kcal · 7 g Fett · 28 %
26 g KH

2 Knoblauchzehen
4 Scheiben Frühstücksspeck
1 Zwiebel
2 rote Paprikaschoten
4 EL Ajvar (siehe Tipp)
2 EL grüne Pfefferkörner
Salz
weißer Pfeffer aus der Mühle
1 TL Cayennepfeffer
1 Bund Petersilie
8 Scheiben Vollkorn-Toast

1. Die Knoblauchzehen durch die Presse drücken, den Speck fein würfeln. Die Zwiebel schälen, die Paprikaschoten halbieren, putzen, waschen, vom Stielansatz befreien und entkernen. Zwiebel und Paprikaschoten fein würfeln.
2. Den Speck in einer Pfanne auslassen und den Knoblauch dazugeben. Dann die Zwiebel- und Paprikawürfel zum Speck geben und kurz glasig anschwitzen.
3. Das Ajvar mit den Pfefferkörnern unter das Gemüse mischen. Alles mit Salz, Pfeffer und Cayennepfeffer kräftig abschmecken, dann erkalten lassen.
4. Inzwischen die Petersilie waschen, trockenschütteln, fein hacken und unter das Gemüse mischen.
5. Die Gemüsemasse auf vier Toasts streichen, mit den restlichen Toastscheiben bedecken und im Sandwich-Toaster 5 bis 6 Minuten toasten. Die Sandwich-Toasts diagonal halbieren und servieren.

Variation
Anstelle des Vollkorn-Toasts können Sie auch Weizen-Toasts verwenden.

Tipp
Ajvar ist eine pikante Paprikazubereitung, die sich auf dem Balkan großer Beliebtheit erfreut. Man erhält sie z. B. in türkischen Lebensmittelgeschäften.

Hawaiischnitten

Zubereitungszeit: 8–10 Min.
Für 8 Stück

130 kcal · 4,3 g Fett · 30 %
14 g KH

4 Scheiben Ananas (Dose)
8 Scheiben Butter-Toast
4 EL Schmand, 24 % Fett
8 Scheiben gebratene Putenbrust
1 Kästchen Gartenkresse
8 EL Chilisauce
8 Scheiben Butterkäse
(30 g pro Scheibe)

1. Die Ananasscheiben gut abtropfen lassen, dann einzeln zwischen 2 Schneidebrettchen legen und mit einem scharfen Messer quer halbieren, sodass aus einer dicken zwei dünne Scheiben entstehen.

2. Von den Toasts 4 Scheiben dünn mit Schmand bestreichen und die Scheiben mit Putenbrust- und Ananasscheiben belegen.

3. Die Kresse mit einer Küchenschere von den Wurzeln schneiden und über die Ananasscheiben streuen. Das Ganze mit Chilisauce beträufeln und mit den Käsescheiben bedecken.

4. Die restlichen Toastscheiben darauf legen und im Sandwich-Toaster 5 bis 6 Minuten toasten. Zuletzt die Toasts diagonal halbieren und sofort servieren.

Variation
Anstelle von Butter-Toast können Sie auch Weizen-Toast oder Vollkorn-Toast verwenden.

Tipp
Wenn Sie keinen Sandwich-Toaster besitzen, können Sie die getoasteten Scheiben mit der Füllung belegen und im Backofen etwa 10 Minuten überbacken.

Panzanella

**Zubereitungszeit: ca. 30 Min.
Für 4 Personen**

**427 kcal · 8 g Fett · 29 %
33 g KH**

750 g vollreife Eiertomaten
Salz
schwarzer Pfeffer aus
  der Mühle
3 Sardellenfilets
1 Bund Frühlingszwiebeln
4 dicke Scheiben italienisches
  Weißbrot
2 Knoblauchzehen
½ Bund Basilikum
6 EL Weißwein
3 EL Balsamessig
2 EL Olivenöl

1. Die Tomaten waschen, trockenreiben, in Scheiben schneiden und die Stielansätze entfernen. Die Scheiben mit Salz und Pfeffer bestreuen und zugedeckt Saft ziehen lassen. Den Saft aufheben.
2. Die Sardellenfilets kalt abwaschen, trockentupfen und sehr fein hacken. Die Frühlingszwiebeln putzen, dabei das Grün bis auf 5 cm abschneiden. Die Zwiebeln waschen, trockentupfen und fein hacken.
3. Die Brotscheiben würfeln. Den Knoblauch schälen und durchpressen. Die Basilikumblätter von den Stielen zupfen, waschen, trockentupfen und in feine Streifen schneiden.
4. Das Brot in eine Schüssel geben. Knoblauch mit Weißwein und 1 Esslöffel Balsamessig verrühren und auf die Brotwürfel gießen.
5. Die Tomatenscheiben auf Tellern anrichten. Den restlichen Essig mit Tomatensaft, Sardellenfilets, Basilikum und Zwiebeln verrühren und auf die Tomaten geben. Die Brotwürfel zugeben. Alles mit Öl beträufeln, salzen, pfeffern und servieren.

Snacks und kleine Gerichte

Semmelknödel auf Rucola mit Radieschen-Vinaigrette

Zubereitungszeit: ca. 25 Min.
Für 4 Personen

324 kcal · 10 g Fett · 30 %
61 g KH

1– 1½ Packung Semmelknödel im Kochbeutel (8 Stück)
2 TL fein geschnittener Schnittlauch
150 g Rucola (Rauke)
3 Radieschen
1 hart gekochtes Ei
5 EL Balsamessig
1 EL Olivenöl, kaltgepresst
2 TL Zucker
Salz
weißer Pfeffer aus der Mühle

1. Die Semmelknödel nach Packungsvorschrift gar kochen.
2. Den Salat putzen, waschen und abtropfen lassen. Die Radieschen putzen und waschen. Das Ei schälen und mit den Radieschen fein würfeln. Balsamessig, Olivenöl, Zucker, Salz und Pfeffer zu einer Sauce verrühren.
3. Die Knödel in Scheiben schneiden und mit dem Rucola auf Tellern anrichten. Mit der Salatsauce beträufeln, die Radieschen- und Eiwürfel darüber verteilen und servieren. (Auf dem Foto)

Tipp
Garnieren Sie den Salat mit Schnittlauchblüten, die nicht nur lecker, sondern auch nahrhaft sind. Am besten nehmen Sie welche aus dem eigenen Garten, da die vom Markt oft mit Pflanzenschutzmitteln behandelt sind.

Lachsschinken-Melone-Wrap

Zubereitungszeit: ca. 30 Min.
Für 4 Personen

355 kcal · 12 g Fett · 29 %
51 g KH

30 g Sonnenblumenkerne
1 kleine Honigmelone (auch Netz- oder Kantalupmelone)
½ unbehandelte Zitrone
1 Bund Basilikum
2 EL Olivenöl
100 g Lachsschinken, in dünnen Scheiben
schwarzer Pfeffer, grob zerstoßen
40 g Parmesan
4 Weizenmehl-Tortillas
2 EL Balsamessig

1. Die Sonnenblumenkerne in einer Pfanne ohne Fett unter Rühren hellbraun rösten. Abkühlen lassen. Die Melone halbieren, entkernen, schälen und achteln. Die Achtel quer in dünne Scheiben schneiden.
2. Die Zitrone heiß waschen, abtrocknen und einen ca. 7 cm langen und 1 cm breiten Streifen Schale dünn abschälen, quer in sehr feine Streifen schneiden. Das Basilikum waschen und trockenschütteln, Blätter von den Stielen zupfen und in feine Streifen schneiden. Melonenstücke, Zitrone, Basilikum und Olivenöl mischen.
3. Die Schinkenscheiben quer in Streifen schneiden. Mit den Sonnenblumenkernen zum Melonensalat geben und mit Pfeffer würzen. Den Parmesan mit einem Sparschäler in dünne Scheiben hobeln.
4. Die Tortillas erwärmen und den Melonensalat darauf verteilen. Mit Balsamessig beträufeln und mit Parmesanspänen bestreuen. Tortillas zusammenrollen und sofort servieren.

Badische Grünkernsuppe

Zubereitungszeit: ca. 25 Min.
Für 4 Personen

358 kcal · 9,3 g Fett · 23 %
55,6 g KH

1 EL Rapsöl
80 g Grünkernschrot
1,4 l Gemüsebrühe (Instant)
600 g TK-Suppengemüse
4 EL Joghurt, 1,5 % Fett
Salz
schwarzer Pfeffer aus der Mühle
4 EL Schnittlauchröllchen
4 Laugenbrezeln

1. Das Öl in einem Topf erhitzen, den Schrot darin kurz anrösten und dann mit der Gemüsebrühe ablöschen. Das Ganze zum Kochen bringen.
2. Das aufgetaute Suppengemüse dazugeben und in 15–20 Minuten gar kochen. Die Kochstelle ausschalten.
3. Die Suppe mit dem Mixstab pürieren. Den Jogurt unter die nicht mehr kochende Suppe rühren.
4. Die Grünkernsuppe mit Salz und Pfeffer abschmecken, in tiefe Teller geben und mit den Schnittlauchröllchen garnieren. Die Laugenbrezeln dazu servieren.

Tipp
Wer gerne mehr Fett einsparen möchte, streut den Grünkern in die kochende Suppe, ohne ihn anzurösten. Der Joghurt gerinnt weniger leicht, wenn Sie ihn vorher mit 1 TL Stärke verrühren. Der Kohlenhydratgehalt steigt dadurch nur unwesentlich.

Rinderbouillon mit Grießklößchen

Zubereitungszeit: ca. 30 Min.
Für 4 Personen

188 kcal · 4,5 g Fett · 21 %
26 g KH

100 g Kaffeemilch
Salz
80 g Grieß
1 Ei
1 Msp. Muskatnuss
1 dicke Stange Lauch
2 dicke Möhren
200 g Knollensellerie
1 l Rinderbouillon (Instant)
schwarzer Pfeffer aus der Mühle

1. Kaffeemilch mit 150 ml Salzwasser zum Kochen bringen. Den Grieß unter Rühren hineinrieseln lassen. So lange rühren, bis sich die Masse als Kloß vom Topfboden löst.
2. Etwas abkühlen lassen, dann das Ei unter die noch warme Grießmasse rühren, mit Muskat abschmecken. Nach dem Erkalten mit angefeuchteten Händen aus dem Teig 24 kleine Klößchen formen.
3. Den Lauch halbieren, waschen, putzen und in feine Streifen schneiden. Die Möhren und den Sellerie putzen, schälen, beides zuerst in dünne Scheiben schneiden und diese dann stifteln.
4. Die Rinderbouillon zum Kochen bringen, die Gemüsestreifen zur Suppe geben und in etwa 1 bis 2 Minuten weich garen. Dann die Klößchen in die nicht mehr kochende Bouillon geben. Die Klößchen sind gar, wenn sie an der Oberfläche schwimmen.
5. Die Suppe mit Salz und Pfeffer abschmecken, in tiefe Teller geben und heiß servieren.

Variation
Sie können in die Klößchenmasse auch frische Kräuter nach Geschmack geben oder die Bouillon zusätzlich mit kleinen Suppennudeln anreichern.

Scharfe Kartoffelsuppe

Zubereitungszeit: ca. 25 Min.
Für 4 Personen

182 kcal · 5,6 g Fett · 27 %
26 g

2 Zwiebeln
2 große, rote Paprikaschoten
4 mittelgroße Kartoffeln (250 g)
2 EL Sonnenblumenöl
1 l Gemüsebrühe (Instant)
etwa ½ TL rosenscharfes Paprikapulver
4–6 Spritzer Tabasco
4 EL Tomatenmark
evtl. Salz

1. Die Zwiebeln schälen, halbieren und in feine Streifen schneiden. Die Paprikaschoten halbieren, putzen, waschen, vom Stielansatz befreien, entkernen und in 1 cm große Stücke schneiden. Die Kartoffeln waschen, schälen und ebenfalls in kleine Würfel schneiden.
2. Das Öl in einem Topf erhitzen. Die Zwiebelstreifen darin glasig dünsten, die Paprika- und Kartoffelwürfel hinzugeben und anbraten.
3. Das Gemüse mit der Brühe ablöschen; mit Paprikapulver, Tabasco und Tomatenmark würzen. Das Ganze zum Kochen bringen und in etwa 15 Minuten fertig garen.
4. Die Suppe nochmals abschmecken, eventuell salzen. Die Suppe in 4 tiefe Teller geben und heiß servieren.

Tipp
Die Suppe schmeckt nach diesem Rezept angenehm scharf. Durch Würzen mit Cayennepfeffer oder auch einer klein geschnittenen Chilischote können Sie sie auch höllisch scharf abschmecken.

Roter Linseneintopf

**Zubereitungszeit: ca. 30 Min.
Für 4 Personen**

**472 kcal · 13 g Fett · 26 %
55 g KH**

2 Stangen Lauch
2 Stangen Staudensellerie
1 mittelgroße Zucchini
2 kleine Fenchelknollen
2 EL Rapsöl
1,5 l Gemüsebrühe (Instant)
2 Knoblauchzehen
240 g getrocknete, rote Linsen
80 g Parmesan
8 Zweige glatte Petersilie
4 EL Tomatenmark
8 EL Weißwein oder etwas milder Weißweinessig
Salz
schwarzer Pfeffer aus der Mühle

1. Den Lauch putzen, waschen und in schräge Ringe schneiden. Den Staudensellerie waschen, putzen und klein schneiden.
2. Die Zucchini waschen, putzen, der Länge nach vierteln und quer in kleine Stücke schneiden. Die Fenchelknollen waschen, putzen und grob würfeln.
3. Das Rapsöl in einem Topf erhitzen und das Gemüse darin andünsten, mit der Gemüsebrühe ablöschen und etwa 10 Minuten köcheln lassen.
4. Die Knoblauchzehen schälen und durch eine Presse zum Eintopf pressen. Die roten Linsen hinzufügen und das Ganze weitere 10 Minuten köcheln lassen.
5. Inzwischen den Parmesan reiben. Die Petersilie waschen und trockentupfen. Die Blättchen von den Stielen zupfen und fein hacken.
6. Den fertig gegarten Eintopf mit Tomatenmark, Weißwein oder Essig, Salz und Pfeffer würzen und abschmecken. Das Gericht auf tiefe Teller oder in Suppentassen verteilen und mit dem Parmesan und der Petersilie bestreut servieren.

Champignoncremesuppe

**Zubereitungszeit: ca. 20 Min.
Für 4 Personen**

**251 kcal · 7 g Fett · 25 %
38 g KH**

*500 g Champignons
2 kleine Zwiebeln
1 EL Butter
4 EL Dinkelvollkornmehl
700 ml Gemüsebrühe (Instant)
50 g Sahne, 27 % Fett
4 Brötchen*

1. Die Pilze sorgfältig mit Küchenkrepp abreiben, putzen und in feine Scheiben schneiden. Die Zwiebel schälen, würfeln und in der Butter glasig dünsten. Die Pilze mit dem Mehl bestäuben, zu den Zwiebeln geben und anbraten. 12 Teelöffel gebratene Champignons beiseite legen.

2. Die restliche Pilz-Zwiebel-Mischung mit der Gemüsebrühe auffüllen, kurz aufkochen lassen und pürieren.

3. Die Suppe mit der Sahne verfeinern und auf Teller verteilen. Jeweils 3 Teelöffel Champignons in die Suppe geben. Mit einem Brötchen servieren.

Suppen

Asiatische Hühnersuppe mit Reis und Eierblumen

Zubereitungszeit: ca. 30 Min.
Für 4 Personen
116 kcal · 3,6 g Fett · 28 %
13 g KH

1 l Geflügelbrühe (Instant)
60 g Langkornreis
3–4 Zweige Koriander
1 cm frische Ingwerwurzel
2 EL Sojasauce
Salz
2 frische Eier

1. Die Geflügelbrühe zum Kochen bringen. Den Reis hineinstreuen und etwa 20 Minuten garen.
2. Den Koriander waschen, trockentupfen, die Blättchen von den Stielen zupfen und fein hacken.
3. Den Ingwer schälen, ganz fein hacken und etwa 5 Minuten vor Ende der Garzeit zur Suppe geben. Die Suppe kräftig mit Sojasauce abschmecken und salzen.
4. Die Eier mit einer Gabel verquirlen und die Eiermasse langsam in die siedende Brühe einlaufen lassen. Nach etwa ½ Minute mit einer Gabel einige Male umrühren und die so entstandenen Eierblumen weitere 3 Minuten ziehen lassen.
5. Die Suppe auf 4 Suppentassen verteilen und mit dem gehackten Koriander bestreut servieren.
(Auf dem Foto)

Hühnersuppe mit Kokos

Zubereitungszeit: ca. 30 Min.
Für 4 Personen
299 kcal · 9,5 g Fett · 29 %
25 g KH

400 g Hühnerbrustfilet
Salz
1 EL Speisestärke
1 kleine grüne Chilischote
12 Lychees (Dose)
12 Blätter Zitronenmelisse
2 EL Erdnussöl
1 l Kokosmilch (Dose)
Schale und Saft von ½ unbehandelten Zitrone
1 Prise Muskatnuss

1. Das Hühnerfleisch waschen, trockentupfen und quer zur Faser in feine Streifen schneiden. Das Fleisch salzen und in der Speisestärke wenden.
2. Die Chilischote waschen, halbieren, entkernen und klein schneiden. Wenn man nicht mit Haushaltshandschuhen arbeitet, danach sofort die Hände waschen. Die Lychees in einem Sieb abtropfen lassen und halbieren. Die Zitronenmelisse vorsichtig waschen und trockentupfen.
3. Den Wok erhitzen, das Öl hineingeben und die Hühnerbrust sowie die Chilischote darin etwa 15 Sekunden leicht anbraten. Die Kokosmilch angießen und alles aufkochen lassen.
4. Die Zitronenschale dazugeben und den Inhalt des Woks etwa 5 Minuten ziehen lassen.
5. Die Lychees in der Suppe erwärmen, diese mit Muskatnuss, Salz und Zitronensaft abschmecken und mit der Zitronenmelisse garniert servieren.

Suppen

Kartoffel-Garnelen-Suppe

Zubereitungszeit: ca. 30 Min.
Für 4 Personen
260 kcal · 6,5 g Fett · 23 %
32 g KH

500 g Kartoffeln
1 Stange Lauch
1 Zwiebel
1 Möhre
1 EL Öl
1 l Fischfond (Glas)
Salz
schwarzer Pfeffer aus der Mühle
1 Msp. Safran
100 g Saure Sahne, 10% Fett
200 g Tiefseekrabben
2 Scheiben Mehrkorntoast

1. Die Kartoffeln schälen, waschen und in kleine Würfel schneiden. Den Lauch putzen, waschen und in Scheiben schneiden.
2. Die Zwiebel und die Möhre fein würfeln. Die Zwiebelwürfel in dem heißen Öl andünsten und den Lauch zugeben, etwa 5 Minuten mitdünsten.
3. Den Fischfond zugießen und aufkochen lassen. Kartoffel- und Möhrenwürfel in die Brühe geben. Salzen, pfeffern und den Safran zugeben, aufkochen lassen und etwa 20 Minuten leicht köcheln.
4. Die Suppe pürieren, die Garnelen zugeben und heiß werden lassen. Die saure Sahne unterrühren. Jetzt darf die Suppe nicht mehr kochen.
5. Inzwischen das Toastbrot toasten und in kleine Würfel schneiden. Vor dem Servieren die Brotwürfel über die Suppe streuen.

Reisnudelsuppe

Zubereitungszeit: ca. 20 Min.
Für 4 Personen
142 kcal · 3,5 g Fett · 22,2 %
23 g KH

200 g Reisnudeln
200 g frischer Blattspinat, ersatzweise TK-Blattspinat
150 g Sojabohnensprossen
2 Knoblauchzehen
1 EL Öl
4 EL Sojasauce
Salz
Cayennepfeffer
2 EL gehackte Korianderblättchen

1. Die Reisnudeln in eine Schüssel geben, mit heißem Wasser übergießen und etwa 5 Minuten quellen lassen.
2. Inzwischen den Spinat gut waschen und die harten Stiele entfernen. Die Sojabohnensprossen in ein Sieb geben und kurz abspülen. Den Knoblauch schälen und fein hacken.
3. Den Wok erhitzen, das Öl hineingeben und den Knoblauch darin goldgelb braten. 400 ml Wasser, die Sojasauce, das Salz und den Cayennepfeffer hinzufügen und alles zum Kochen bringen. Den Spinat und die Sojabohnensprossen in die Suppe geben und einmal aufkochen.
4. Die Reisnudeln abgießen, mit der Schere einige Male durchschneiden und in den Wok geben. Die Suppe erneut aufkochen lassen und mit den Korianderblättchen bestreuen.

Fenchelsuppe

Zubereitungszeit: ca. 30 Min.
Für 4 Personen

171 kcal · 4,3 g Fett · 22,6 %
26 g KH

3 Schalotten
3 Fenchelknollen (ca. 600 g)
1 EL Olivenöl
1 l Gemüsebrühe (Instant)
Salz
Pfeffer aus der Mühle
2 EL gehackte Petersilie
4 Brötchen

1. Die Schalotten schälen und fein würfeln. Die Fenchelknollen putzen, waschen und in Scheiben schneiden. Etwas Fenchelkraut für die Garnierung beiseite legen.
2. Die Schalotten im Olivenöl anbraten. Den Fenchel dazugeben und kurz mitbraten. Die Brühe dazugießen und die Suppe etwa 20 Minuten bei schwacher Hitze kochen.
3. Das Gemüse mit einem Mixstab pürieren. Das pürierte Gemüse mit der Brühe erneut aufkochen und mit Salz und Pfeffer abschmecken.
4. Die Suppe in Suppenteller geben und mit etwas gehackter Petersilie und dem Fenchelkraut bestreuen.

Tipps
Servieren Sie zu dieser Suppe mit Knoblauchbutter bestrichenes italienisches Weißbrot, frisch aus dem Ofen.

Salate

Orangen-Nuss-Salat

Zubereitungszeit: ca. 25 Min.
Für 4 Personen

478 kcal · 15 g Fett · 29 %
72 g KH

300 g Hörnchen-Nudeln
1 Orange
1 Blutorange
50 g Walnusskerne
150 g Joghurt, 0,3 % Fett
1–2 EL Salatmayonnaise, 50 % Fett
1–2 EL Orangensaft
Salz
schwarzer Pfeffer aus der Mühle

1. Die Nudeln in reichlich nur leicht gesalzenem Wasser bissfest garen, abgießen, abschrecken und gut abtropfen lassen. Die abgekühlten Nudeln in eine Schüssel geben.
2. Die Orange schälen und filetieren. Die einzelnen Spalten in kleine Stücke schneiden und zusammen mit den Walnusshälften zum Salat geben.
3. Aus Joghurt, Salatmayonnaise und Orangensaft eine Marinade zubereiten, mit Salz und Pfeffer abschmecken und über den Salat geben. Alles gut durchmischen, etwas ziehen lassen und servieren.

Farfalle in Erdnusssauce

Zubereitungszeit: ca. 25 Min.
Für 4 Personen

541 kcal · 16 g Fett · 27 %
80,5 g KH

400 g Farfalle-Nudeln
Salz
1 EL Sonnenblumenöl
3 EL Erdnussbutter
Saft von ½ Zitrone
schwarzer Pfeffer aus der Mühle
2 Bund Frühlingszwiebeln
2–5 rote Chilischoten
½ Salatgurke
½ Bund Koriander
2 EL geröstete Erdnüsse

1. Die Nudeln in reichlich Salzwasser bissfest garen, abgießen, kalt abschrecken und mit dem Öl vermischen. Für die Sauce die Erdnussbutter mit dem Zitronensaft und 4 Esslöffeln heißem Wasser verrühren und mit Salz und Pfeffer abschmecken.
2. Die Frühlingszwiebeln putzen, waschen, in schräge, dünne Stücke und die Chilis in hauchdünne Scheiben schneiden. Die Salatgurke waschen, der Länge nach halbieren, in 5 cm lange Stücke zerteilen und diese in schmale Streifen schneiden.
3. Die Hälfte der Frühlingszwiebeln und Gurke mit den Chilis und der Sauce unter die Nudeln mischen. Die andere Hälfte des Gemüses mit den gewaschenen und abgezupften Korianderblättern auf Tellern anrichten. Das Gericht mit den gerösteten Erdnüssen bestreuen und servieren.

Leichter Kartoffelsalat

Zubereitungszeit: ca. 30 Min.
Für 4 Personen

**239 kcal · 8 g Fett · 28 %
36 g KH**

*800 g fest kochende Kartoffeln
Salz
1 Zwiebel
1 EL Senf
4 EL Obstessig
100 ml heiße Kalbsbrühe
   (Instant)
Kräutersalz
weißer Pfeffer aus der Mühle
½ Salatgurke
1 Bund Radieschen
2 Tomaten
3 EL Sonnenblumenöl
2 EL gemischte TK-Kräuter*

1. Die Kartoffeln in wenig Salzwasser in 20 Minuten gar kochen, noch heiß pellen und in Scheiben schneiden.
2. Die Zwiebel schälen und klein würfeln. Aus Senf, Zwiebeln, Obstessig und Kalbsbrühe eine Marinade herstellen. Die Kartoffeln damit übergießen und vorsichtig vermengen, mit Kräutersalz und Pfeffer abschmecken.
3. Die Salatgurke, Radieschen und Tomaten waschen. Gurke und Radieschen in Scheiben schneiden, die Tomaten achteln.
4. Das Gemüse unter den Salat heben, das Öl dazugeben, den Salat mischen und zum Schluss mit den gemischten Kräutern bestreut servieren.

Salate

Kopfsalat „Norddeutsche Art"

Zubereitungszeit: ca. 20 Min.
Für 4 Personen
163 kcal · 2,8 g Fett · 25 %
4,8 g KH

1 Kopfsalat
1 Bund Radieschen
200 g geschälte und gegarte Nordseekrabben
Saft von ½ Zitrone
5 EL Magerquark, 0,3 % Fett
80 g Kaffeemilch
Salz
schwarzer Pfeffer aus der Mühle
Zucker
1 Kästchen Gartenkresse

1. Den Kopfsalat putzen und waschen. Die Blätter in mundgerechte Stücke zupfen, trockenschleudern und auf 4 Tellern verteilen.
2. Die Radieschen putzen, waschen und fein stifteln. Die Krabben unter kaltem Wasser abbrausen und abtropfen lassen.
3. Den Zitronensaft mit Quark und Kaffeemilch verrühren. Mit Salz, Pfeffer und Zucker abschmecken. Die Gartenkresse mit der Küchenschere von den Wurzeln schneiden. Etwas Kresse zum Garnieren beiseite legen.
4. Vor dem Servieren etwas Salatsauce über die Salatblätter träufeln. Die restliche Sauce mit den Radieschen, Krabben und der Kresse vermischen und in die Mitte des Salates setzen. Zum Schluss mit der restlichen Gartenkresse garniert servieren.
(Auf dem Foto)

Löwenzahnsalat mit Croûtons

Zubereitungszeit: ca. 30 Min.
Für 4 Personen
133 kcal · 3,5 g Fett · 24 %
16 g KH

400 g Löwenzahn
1 mittelgroßer Kopf Friséesalat
40 g Lachsschinken
1 EL Olivenöl
2 Scheiben Bauernbrot (ca. 120 g)
4 EL Kräuteressig
Salz
schwarzer Pfeffer aus der Mühle

1. Den Löwenzahn sorgfältig putzen. Die harten Außenblätter und die Stiele entfernen. Den Löwenzahn zerteilen, kurz waschen und abtropfen lassen.
2. Den Friséesalat putzen. Die harten Außenblätter entfernen und die Stiele herausschneiden. Die Blätter waschen, abtropfen lassen und in mundgerechte Stücke zerpflücken.
3. Den Lachsschinken in feine Streifen schneiden und in einer beschichteten Pfanne bei mittlerer Hitze auslassen. Das Olivenöl hinzufügen, die Hitzezufuhr erhöhen.
4. Die Brotscheiben würfeln, zum Speck geben und rasch rundum knusprig braten.
5. Den Essig, nur ganz wenig Salz und Pfeffer mit dem restlichen Öl vermischen. Die Salatblätter in die Marinade geben und unterheben. Den Pfanneninhalt hinzufügen und alles miteinander vermengen.

Fitmacher-Salat

Zubereitungszeit: ca. 30 Min.
Für 4 Personen

380 kcal · 9 g Fett · 21 % 52 g KH

1 kleiner Kopf Eisbergsalat
4 Tomaten
½ Salatgurke
120 g hauchdünner gekochter Schinken
250 g Joghurt, 1,5 % Fett
2 EL Distelöl
2 EL Apfelessig
2 EL Tomatenmark
Zucker
Salz
schwarzer Pfeffer aus der Mühle
1 Kästchen Gartenkresse
4 Mehrkornbrötchen

1. Die Blätter vom Eisbergsalat lösen, waschen und trockenschleudern. Die Salatblätter in mundgerechte Stücke zerpflücken.
2. Die Tomaten waschen und halbieren, die Stielansätze entfernen und die Tomaten in Spalten schneiden. Die Gurke waschen, schälen und in ½ cm breite Scheiben schneiden.
3. Die Schinkenscheiben einzeln zu Röllchen aufrollen. Aus Joghurt, Distelöl, Apfelessig und Tomatenmark ein Dressing rühren; mit Zucker, Salz und Pfeffer abschmecken. Die Kresse mit einer Küchenschere von den Wurzeln schneiden.
4. Die zerpflückten Salatblätter mit den Tomaten und Gurken in einer Schüssel vermengen, auf Tellern anrichten und mit den Schinkenröllchen und der Kresse garnieren. Das Dressing darüber träufeln und servieren. Zum Salat je ein Brötchen reichen.

Tipp
Anstelle des Joghurtdressings können Sie auch ein Essig-Öl-Dressing anrühren.
Wenn Sie täglich frischen Salat essen, lohnt es sich, eine größere Menge Dressing herzustellen. Sie können es 2 bis 3 Tage in einem Schraubglas im Kühlschrank aufbewahren.

Scharfer Geflügelsalat

Zubereitungszeit: ca. 30 Min.
Für 4 Personen

340 kcal · 10 g Fett · 26 %
8 g KH

800 g Hähnchenbrustfilet
3 EL Öl
Salz
schwarzer Pfeffer aus der Mühle
1 Salatgurke
1 Bund Frühlingszwiebeln
2 cm Ingwerknolle
1 grüne Chilischote
2 rote Chilischoten
¼ l Kokosmilch (Dose)
1 TL Zucker
1 EL Garnelenpaste, 20 % Fett
1 EL TK-Petersilie

1. Das Fleisch kalt abwaschen, trockentupfen und in 3 cm lange und 1 cm breite Streifen schneiden. Das Öl in einer Pfanne erhitzen und das Fleisch darin bei mittlerer Hitze etwa 3 Minuten braten, salzen und pfeffern. Das Fleisch herausnehmen und abkühlen lassen.
2. Die Salatgurke waschen, schälen, längs halbieren und in 3 cm lange Stücke schneiden.
3. Die Frühlingszwiebeln putzen, das Grün bis auf 5 cm abschneiden. Die Zwiebeln waschen, trockentupfen und sehr fein hacken. Den Ingwer schälen und fein hacken.
4. Die Chilischoten waschen, längs einritzen, entkernen und ebenfalls sehr fein hacken. (Wenn man nicht mit Haushaltshandschuhen arbeitet, danach sofort die Hände waschen).
5. Das Fleisch mit den Gurkenstücken, den Frühlingszwiebeln, dem Ingwer und den Chilischoten in einer Salatschüssel vermischen.
6. Die Kokosmilch mit dem Zucker und der Garnelenpaste verrühren und mit Salz pikant abschmecken. Diese Mischung mit dem Salat vermengen. Den Geflügelsalat mit der Petersilie bestreut servieren.

Nudel-Mais-Salat mit Feigen

Zubereitungszeit: ca. 20 Min.
Für 4 Personen

535 kcal · 13,5 g Fett · 23 %
88 g KH

300 g kleine Hörnchen- oder Spiralnudeln
Salz
1 Dose Maiskörner
125 g getrocknete Feigen
2 rote Paprikaschoten
1 Bund Schnittlauch
100 g Sahne, 27 % Fett
4 EL Salatmayonnaise, 50 % Fett
schwarzer Pfeffer aus der Mühle

1. Die Nudeln in reichlich Salzwasser nach Packungsanweisung bissfest kochen. In ein Sieb abgießen, unter fließendem kaltem Wasser abschrecken und gut abtropfen lassen.
2. Inzwischen den Mais abtropfen lassen und die Feigen in kleine Würfel schneiden.
3. Die Paprikaschoten waschen, vierteln, putzen und in schmale Streifen schneiden. Anschließend den Schnittlauch waschen, trockentupfen und in Röllchen schneiden.
4. Die Sahne leicht schlagen, die Mayonnaise und die Hälfte des Schnittlauchs unterrühren. Das Dressing mit Salz und Pfeffer abschmecken.
5. Die Nudeln und die Salatzutaten vermengen, das Dressing darüber geben und alles mit dem restlichen Schnittlauch bestreut servieren.

Chinakohl mit Cashewkernen

**Zubereitungszeit: ca. 25 Min.
Für 4 Personen**

462 kcal · 11 g Fett · 21 %
71 g KH

*400 g Vollkornnudeln
　(Spiralen)
1 großer Chinakohl
1 große Zwiebel
2 Knoblauchzehen
2 kleine, rote Chilischoten
2 EL Öl
3 EL Cashewkerne
Salz
schwarzer Pfeffer aus der
　Mühle*

1. Nudeln in reichlich Salzwasser etwa 8 Minuten bissfest kochen und abtropfen lassen. Den Kohl waschen, putzen und klein schneiden. Die Zwiebel schälen und fein würfeln. Den Knoblauch schälen und in feine Scheiben schneiden. Die Chilischoten waschen, entkernen und in Ringe schneiden.

2. In einer großen beschichteten Pfanne das Öl erhitzen und darin die Cashewkerne goldbraun rösten. Kohl, Zwiebeln, Knoblauch und Chili hinzufügen und alles unter Rühren 6 – 8 Minuten braten.
3. Die Nudeln unter das Gemüse rühren, kurz mitbraten, mit Salz und Pfeffer abschmecken und servieren.

Scharf-saures Gemüse

Zubereitungszeit: ca. 30 Min.
Für 4 Personen

666 kcal · 6 g Fett · 8 %
60 g KH

200 g Basmati-Reis
Salz
4 Möhren
1 Bund Frühlingszwiebeln
400 g frische Sojabohnen-
   sprossen
200 g Zuckerschoten
2 Knoblauchzehen
1 cm frischer Ingwer
2 kleine, rote Chilischoten
75 ml Sojasauce
6 EL Reisessig
75 ml Reiswein
2 TL Speisestärke
schwarzer Pfeffer aus der
   Mühle
2 EL Öl

1. Den Reis in leicht gesalzenem Wasser gemäß Packungsanleitung etwa 20 Minuten kochen.
2. Die Möhren putzen, schälen, waschen und in Scheiben schneiden. Die Frühlingszwiebeln putzen, waschen, das Grün bis auf 5 cm entfernen, die Zwiebeln in schräge, dünne Stücke schneiden, die Sojabohnensprossen kalt abspülen und abtropfen lassen.
3. Den Knoblauch und Ingwer schälen und fein hacken. Die Chilischoten entkernen und in Ringe schneiden. Die Sojasauce mit Reisessig, Reiswein, Speisestärke und etwas Pfeffer verrühren.
4. Den Wok erhitzen, das Öl hineingeben, Chili, Knoblauch und Ingwer unter Rühren anbraten. Die Möhrenscheiben, die Zuckerschoten, die Frühlingszwiebeln und die Sojabohnensprossen nacheinander dazugeben und unter Rühren mitbraten.
5. Die Sauce angießen, kurz durchrühren und im geschlossenen Wok etwa 8 Minuten dünsten. Den Reis abgießen und alles gemeinsam servieren.

Gerichte mit Gemüse

Gerichte mit Gemüse

Austernpilzpfanne

Zubereitungszeit: ca. 25 Min.
Für 4 Personen

480 kcal · 9 g Fett · 17 %
83 g KH

500 g Austernpilze
2 Bund Frühlingszwiebeln
2 Knoblauchzehen
3 EL Sojaöl
400 g grüne Bandnudeln
Salz
250 g gestückelte Tomaten
  (Dose)
weißer Pfeffer aus
  der Mühle
2 TL TK-Basilikum

1. Die Austernpilze vorsichtig mit einem Tuch oder mit einer Bürste säubern, große Pilze eventuell halbieren. Die Frühlingszwiebeln putzen, waschen und schräg in Stücke schneiden. Die Knoblauchzehen schälen.

2. Den Wok erhitzen, das Öl hineingeben und darin zuerst die Austernpilze kräftig anbraten, dann den Knoblauch dazupressen.

3. Die Bandnudeln in reichlich Salzwasser bissfest kochen und abtropfen lassen. Die Tomaten und die Frühlingszwiebelstücke zu den Austernpilzen geben und darunter mischen. Alles mit Salz und Pfeffer würzen und bei schwacher Hitze im geschlossenen Wok etwa 5 Minuten dünsten.

4. Kurz vor Ende der Garzeit das gefrorene Basilikum unter die Austernpilzpfanne mischen. Zum Schluss die Nudeln unterheben und servieren.
(Auf dem Foto)

Tipp
Kulturpilze wie Austernpilze gibt es das ganze Jahr. Da sie auf einem Nährsubstrat in Hallen herangezogen werden, muss man sie nicht waschen. Es reicht, sie mit einem weichen Tuch oder mit einer Bürste zu säubern.

Spaghetti mit roher Tomatensauce

Zubereitungszeit: ca. 30 Min.
Kühlzeit: ca. 1–2 Std.
Für 4 Personen

546 kcal · 18 g Fett · 29 %
73 g KH

1 kg reife Tomaten
1 Knoblauchzehe
6 EL Olivenöl
Salz
weißer Pfeffer aus der Mühle
400 g Spaghetti

1. Die Tomaten über Kreuz einritzen, kurz mit heißem Wasser überbrühen, abschrecken und enthäuten. Die Tomaten halbieren, die Kerne und etwas Saft ausdrücken. Das Tomatenfleisch klein schneiden.

2. Die Knoblauchzehe schälen und durch die Presse zum Tomatenfleisch drücken. Das Ganze mit dem Öl mischen und alles 1–2 Stunden an einem kühlen Ort durchziehen lassen.

3. Die Sauce durch ein feinmaschiges Sieb drücken oder mit dem Mixstab pürieren und mit Salz und Pfeffer abschmecken.

4. Die Spaghetti in reichlich Salzwasser in etwa 10 Minuten bissfest kochen, in einem Sieb abtropfen lassen und mit der Sauce vermengen.

Gerichte mit Gemüse

Spaghetti mit Paprika-Gemüse-Sauce

Zubereitungszeit: ca. 30 Min.
Für 4 Personen

312 kcal · 10 g Fett · 29 %
43 g KH

300 g Spaghetti
Salz
800 g Tomaten
2 EL Balsamessig
2 EL Mascarpone (ersatzweise Crème fraîche)
2 EL Zitronensaft
weißer Pfeffer aus der Mühle
1 Prise Zucker
2 gelbe Paprikaschoten
300 g Möhren
1 EL Olivenöl
1 EL gehackte Basilikumblättchen

1. Die Spaghetti in reichlich Salzwasser bissfest garen.
2. Inzwischen die Tomaten über Kreuz einritzen, mit kochendem Wasser überbrühen, kalt abschrecken und enthäuten. Das Fruchtfleisch würfeln. Essig, Mascarpone und Zitronensaft hinzufügen und das Ganze pürieren. Mit Salz, Pfeffer und Zucker abschmecken.
3. Die Paprika waschen, entkernen und in sehr feine Würfel schneiden. Die Möhren putzen, waschen und sehr fein raspeln. Das Gemüse unter die Tomatensauce rühren.
4. Die Spaghetti abgießen, mit dem Öl beträufeln und unter die Sauce heben. Die Spaghetti mit dem Basilikum bestreuen und servieren.

Gnocchi mit Basilikumpesto

Zubereitungszeit: ca. 30 Min.
Für 4 Personen

550 kcal · 78 g Fett · 30 %
19 g KH

125 ml Milch
Salz
50 g Hartweizengrieß
1 Packung Gekochte Klöße (8 Stück)
40 g Basilikumblätter
2 Knoblauchzehen
25 g Pinienkerne
50 g Parmesan am Stück (32 % Fett)
weißer Pfeffer aus der Mühle
2 EL Olivenöl, kaltgepresst

1. Die Milch mit einer Prise Salz zum Kochen bringen, den Grieß einrühren und ausquellen lassen. Die Kloßmischung mit dem Schneebesen in 250 ml kaltes Wasser einrühren und 5 Minuten quellen lassen.
2. Den Grieß- und Kartoffelteig mit dem Handrührgerät gut verkneten. Nochmals mit den Händen durchkneten. Eine 2–3 cm dicke Rolle formen und in 1 cm dicke Scheiben schneiden. Diese mit einer Gabel etwas flach drücken, in reichlich leicht gesalzenes, kochendes Wasser legen und die Gnocchi darin 5–7 Minuten bei schwacher Hitze garen. Herausnehmen, abtropfen lassen und warm stellen.
3. Die Basilikumblätter waschen und trockentupfen. Die Knoblauchzehen schälen, Basilikum, Knoblauch, Pinienkerne, zerbröckelten Parmesan, Salz und Pfeffer im Blitzhacker oder Mixer zu einer Paste verarbeiten. Nach und nach das Olivenöl darunter rühren. Das Pesto in einer Schüssel mit den Gnocchi mischen und servieren.

Gnocchi mit Gemüse

Zubereitungszeit: ca. 25 Min.
Für 4 Personen

338 kcal · 10,5 g Fett · 28 %
43,5 g KH

2 Zwiebeln
3–4 Stangen Staudensellerie
2 kleine Zucchini
2 gelbe Paprikaschoten
2 EL Rapsöl
Salz
schwarzer Pfeffer aus der
   Mühle
500 g frische Gnocchi
   (Kühlregal)
500 ml passierte gewürzte
   Tomaten
60 g frisch geriebener
   Parmesan

1. Die Zwiebel schälen und fein hacken. Den Staudensellerie waschen, putzen und in kleine Stückchen schneiden. Die Zucchini waschen, putzen, zweimal längs halbieren und ebenfalls in Stückchen schneiden. Die Paprikaschoten waschen, putzen und in kleine Würfel schneiden.
2. Das Öl in einer beschichteten Pfanne erhitzen. Das vorbereitete Gemüse darin anbraten, salzen und pfeffern und etwa 10 Minuten zugedeckt garen.
3. Für die Gnocchi Salzwasser zum Kochen aufsetzen. Die passierten Tomaten zum Gemüse in die Pfanne geben, alles vermengen und weitere 5 Minuten garen.
4. Kurz bevor die Gemüsesauce fertig ist, die Gnocchi im siedenden Salzwasser etwa 2 Minuten gar ziehen lassen, dann abgießen. Die Gnocchi mit dem Gemüseragout auf Tellern anrichten und mit dem Parmesan bestreut servieren.

Vollkornnudeln mit Brokkoli

Zubereitungszeit: ca. 30 Min.
Für 4 Personen

513 kcal · 15 g Fett · 26 %
71 g KH

750 g Brokkoli
1 Knoblauchzehe
400 g Vollkorn-Tagliatelle
Salz
3 EL Sonnenblumenöl
3–4 EL Weißweinessig
Ingwerpulver
schwarzer Pfeffer aus der Mühle
Zucker
2 EL dunkles Sesamöl
2 EL TK-Schnittlauch

1. Den Brokkoli putzen, waschen und in Röschen zerteilen. Die dicken Stiele schälen und in dünne Scheiben schneiden. Den Knoblauch schälen und fein hacken.

2. Die Nudeln in reichlich Salzwasser bissfest kochen. 5 Minuten vor Ende der Garzeit den Brokkoli zu den Nudeln geben und alles aufkochen lassen. Zusammen zu Ende garen, abgießen und abtropfen lassen.

3. Das Öl in einer großen Pfanne erhitzen. Den Knoblauch darin unter Rühren etwa 2 Minuten anbraten.

4. Die Nudel-Brokkoli-Mischung in die Pfanne geben. Alles gut durchmischen und mit Weißweinessig, Ingwerpulver, Salz, Pfeffer sowie einer kräftigen Prise Zucker abschmecken. Das Sesamöl über die Nudeln träufeln. Die Nudeln mit dem Schnittlauch bestreuen und sofort servieren.

Tipp
Bewahren Sie den Brokkoli nach dem Kauf unbedingt im Kühlschrank auf. In der Wärme werden die kleinen Knospen schnell gelb.

Asia-Glasnudeln aus dem Wok

Zubereitungszeit: ca. 30 Min.
Für 4 Personen

420 kcal · 13,5 g Fett · 28 %
68 g KH

240 g Glasnudeln
600 g Möhren
2 grüne Paprikaschoten
2 Stangen Lauch
300 g Shiitake-Pilze
100 g Sojabohnensprossen
4 EL Sojaöl
2 EL Currypulver
200 ml Hühnerbrühe (Instant)
4 EL Zitronensaft
Salz
schwarzer Pfeffer aus der Mühle

1. Die Glasnudeln nach Packungsanweisung garen und kalt abschrecken.
2. Die Möhren waschen, putzen und in Stifte schneiden. Die Paprikaschoten waschen, putzen und in schmale Streifen schneiden.
3. Den Lauch putzen, waschen und ebenfalls in feine Streifen schneiden. Die Shiitake-Pilze putzen, mit einem Küchentuch abreiben und halbieren. Die Sojabohnensprossen mit kaltem Wasser abbrausen.
4. Einen Wok oder eine Pfanne erhitzen und das Öl hineingeben. Zuerst die Möhren- und die Paprikastreifen unter Rühren darin andünsten; mit Currypulver bestäuben. Dann den Lauch und die Shiitake-Pilze dazugeben und unter Rühren anbraten.
5. Die Sojabohnensprossen hinzufügen und alles mit Brühe ablöschen. Zuletzt die Glasnudeln mit einer Küchenschere zerschneiden und unter das Gemüse mischen. Das Ganze mit Zitronensaft, Salz, Pfeffer und Currypulver abschmecken.

Gerichte mit Gemüse

Currylinsen

Zubereitungszeit: ca. 30 Min.
Für 4 Personen

304 kcal · 8,3 g Fett · 25 %
39 g KH

250 g rote Linsen
Salz
weißer Pfeffer aus der Mühle
1 Bund Frühlingszwiebeln
2 Knoblauchzehen
2 kleine, rote Paprikaschoten
3 EL Öl
2 TL Kurkuma
2 TL gemahlener Kreuzkümmel

1. Die Linsen verlesen und mit ½ l Wasser aufkochen. Salzen und pfeffern und zugedeckt knapp 10 Minuten garen.
2. Inzwischen die Frühlingszwiebeln putzen, waschen und schräg in feine Ringe schneiden. Den Knoblauch schälen und fein hacken. Die Paprikaschoten halbieren, entkernen, waschen und in feine Streifen schneiden.
3. Das Öl in einem Wok oder einer großen Pfanne erhitzen und die Frühlingszwiebeln, den Knoblauch sowie die Paprikastreifen unter Rühren etwa 2 Minuten anbraten.
4. Die Gewürze kurz mit andünsten, und die gekochten Linsen mit der Flüssigkeit dazugeben. Die Linsen kurz darunter rühren, das Gericht abschmecken und heiß servieren.

Tipp
Anders als braune, graue oder gelbe Linsen sind die roten kleinen Hülsenfrüchte bereits in wenigen Minuten gar und somit ideal für die schnelle Küche. Linsen sind zudem sehr gesund, da sie hochwertiges Eiweiß und reichlich Ballaststoffe liefern.

Vegetarisches Wokgericht

Zubereitungszeit: ca. 30 Min.
Für 4 Personen

251 kcal · 6,5 g Fett · 24 %
40,3 g KH

300 g Basmatireis
Salz
1 rote Paprikaschote
1 grüne Paprikaschote
4 Stangen Staudensellerie
2 Kolben Chicorée
1 Stück Ingwer (etwa 4 cm)
2 EL Sonnenblumenöl
1 TL Currypulver
schwarzer Pfeffer aus der Mühle
4 EL Sojasauce

1. Den Reis in etwa 600 ml leicht gesalzenem Wasser zum Kochen bringen und etwa 12 Minuten bei reduzierter Hitze quellen lassen.
2. Die Paprikaschoten waschen, putzen, entkernen und das Fruchtfleisch in mundgerechte Streifen schneiden. Den Staudensellerie waschen, putzen und in feine Würfel schneiden. Das Selleriegrün fein hacken und beiseite stellen.
3. Die Chicoréekolben waschen, den Strunk kegelförmig herausschneiden und die Kolben in ½ cm breite Ringe schneiden. Den Ingwer schälen, mit einem Messer fein hacken und raspeln.
4. Das Öl in einem Wok oder einer großen Pfanne erhitzen und darin das Gemüse unter Rühren anbraten. Mit Ingwer, Curry, Salz und Pfeffer würzen. Den Reis unterheben. Mit der Sojasauce abschmecken, das Selleriegrün untermischen, alles eventuell erneut würzen und auf Tellern angerichtet servieren.

Brokkoligemüse mit Tofu

Zubereitungszeit: ca. 25 Min.
Für 4 Personen

127 kcal · 2,8 g Fett · 20 %
21 g KH

500 g Brokkoli
150 g Zwiebeln
250 g Tofu
½ Bund Basilikum
½ Bund glattblättrige Petersilie
250 g gestückelte Tomaten
 (Dose)
Salz
weißer Pfeffer aus der Mühle
1 EL Sojasauce
1 EL Olivenöl

1. Den Brokkoli putzen, in Röschen teilen und waschen. Die Zwiebeln schälen und in Ringe schneiden. Den Tofu in Würfel schneiden. Das Basilikum und die Petersilie waschen und einige Blättchen zum Garnieren beiseite legen. Die restlichen Blättchen fein hacken.
2. Die Tomaten zusammen mit Salz, Pfeffer und Sojasauce mit dem Mixstab pürieren.
3. Einen Wok oder eine große Pfanne erhitzen, das Öl hineingeben und darin die Tofuwürfel etwa 1½ Minuten braten. Mit der restlichen Sojasauce ablöschen. Die Brokkoliröschen und die Zwiebelringe hinzufügen und etwa 2 Minuten mitbraten.
4. Das Tomatenpüree dazugeben und alles im geschlossenen Wok oder einer geschlossenen Pfanne etwa 5 Minuten dünsten. Mit Salz und Pfeffer abschmecken. Die gehackten Kräuter hineinrühren und das Gericht mit den beiseite gelegten Basilikum- und Petersilienblättchen garniert servieren.

Curryspätzle

Zubereitungszeit: ca. 30 Min.
Für 4 Personen

349,3 kcal · 9,3 g Fett · 24 %
47,3 g KH

20 g Ingwer
380 g Ananasstücke (Dose)
2 EL Speiseöl
500 g Spätzle (Kühlregal)
250 g TK-Möhren
250 g TK-Zuckerschoten
2 TL Curry

1. Den Ingwer schälen und in feine Würfel schneiden. Die Ananas abgießen und 100 ml Ananassaft auffangen.
2. Das Öl in einer Pfanne erhitzen und darin die Spätzle braten. Nach 5 Minuten die Möhren und nach weiteren 5 Minuten die Zuckerschoten dazugeben und alles 2 Minuten braten.
3. Den Ananassaft mit dem Curry verrühren, den Ingwer zufügen, alles vermengen und zu den Spätzle geben. Auf Tellern angerichtet servieren.

Spinat-Parmesan-Risotto

Zubereitungszeit: ca. 30 Min.
Für 4 Personen

360 kcal · 9 g Fett · 26 %
50 g KH

2 Zwiebeln
2 Knoblauchzehen
450 g aufgetauter TK-Blattspinat
60 g Parmesan am Stück
2 TL Butter
2 TL Olivenöl
240 g Risottoreis
100 ml trockener Weißwein
400–500 ml Gemüsebrühe (Instant)
Salz
schwarzer Pfeffer aus der Mühle
8 Zweige Basilikum

1. Die Zwiebeln und den Knoblauch schälen und sehr fein hacken. Den aufgetauten Blattspinat mit einer Gabel etwas zerpflücken.
2. Vom Parmesan einige Späne mit einem Küchenmesser oder Spargelschäler abschneiden. Den restlichen Parmesan reiben.
3. Die Butter und das Öl in einem großen Topf erhitzen. Den Risottoreis zusammen mit den Zwiebeln und dem Knoblauch hineingeben und anschwitzen, dann mit dem Wein ablöschen. Die Gemüsebrühe nach und nach angießen und unterrühren. Den Reis etwa 15 Minuten bei reduzierter Temperatur köcheln lassen.
4. Etwa 5 Minuten vor Ende der Garzeit den Spinat unter das Risotto heben und etwas erhitzen. Das Gericht mit Salz und Pfeffer würzen. Das Basilikum waschen, trockentupfen und die Blätter in feine Streifen schneiden.
5. Den geriebenen Parmesan unter das Risotto rühren. Alles auf Teller verteilen und mit den Parmesanspänen und den Basilikumstreifen garniert servieren.

Gerichte mit Gemüse

Gerichte mit Fleisch

Putengeschnetzeltes mit Mais

Zubereitungszeit: ca. 30 Min.
Für 4 Personen

264,8 kcal · 8,3 g Fett · 28 %
15,5 g KH

450 g Putenbrustfilet
2 Zwiebeln
3 frische, kleine, rote Chilischoten
1 große Zucchini
2 EL Sojaöl
125 ml Hühnerbrühe (Instant)
2 TL Honig
125 g Maiskörner (Dose)
Salz
weißer Pfeffer aus der Mühle
2 EL TK-Dill

1. Das Putenbrustfilet kalt abspülen, trockentupfen und in dünne Streifen schneiden. Die Zwiebeln schälen und fein würfeln. Die Chilischoten putzen, längs aufschlitzen und die Kerne unter fließendem kaltem Wasser herausspülen. (Wenn man nicht mit Haushaltshandschuhen arbeitet, danach sofort die Hände waschen).
2. Die Zucchini putzen, waschen, längs vierteln und in mundgerechte Stücke schneiden.
3. Einen Wok oder eine große Pfanne erhitzen und das Öl hineingeben. Die Fleischstreifen sowie die Chilischoten und die Zwiebelwürfel darin unter Rühren anbraten.
4. Die Brühe und den Honig hinzufügen und alles miteinander verrühren. Die Zucchinistücke und die Maiskörner dazugeben und alles etwa 3 Minuten im geschlossenen Wok oder Pfanne dünsten.
5. Das Gericht mit Salz und Pfeffer abschmecken und den gefrorenen Dill darunter heben. Auf Tellern anrichten und servieren.

Putenspieße mit rotem Reis

Zubereitungszeit: ca. 30 Min.
Für 4 Personen

433,5 kcal · 13,5 g Fett · 29 %
35 g KH

1 Zwiebel
2 EL Olivenöl
180 g Parboiled Reis
200 ml Gemüsebrühe (Instant)
240 ml Tomatensaft
2 TL gerebelter Oregano
4 dünne Putenbrustschnitzel (à 150 g)
6 TL Pesto (40 g)
8 Holz- oder Metallspieße

1. Die Zwiebel schälen und fein hacken. 1 Esslöffel Olivenöl in einem Topf erhitzen und darin die Zwiebelwürfel zusammen mit dem Reis anschwitzen. Brühe und Tomatensaft angießen, den Reis mit Oregano würzen. Bei reduzierter Hitze etwa 20 Minuten quellen lassen.
2. Inzwischen das Putenfleisch kalt abspülen und gut trockentupfen, zwischen Klarsichtfolie legen und mit einem Nudelholz flachdrücken. Die Fleischoberseite mit Pesto bestreichen und die Schnitzel von der längeren Seite her aufrollen. Dann jedes Schnitzel in 4 etwa 2 cm breite Röllchen schneiden.
3. Den Backofengrill vorheizen. Jeweils 2 Fleischröllchen auf lange Holz- oder Metallspieße stecken, auf ein Blech legen und sie darin von allen Seiten 5–7 Minuten unter dem Grill garen.
4. Für den Reis 2 Tassen oder Timbalförmchen (150 ml Volumen) mit dem restlichen Öl einpinseln. Die Reismasse hineinfüllen und gut festdrücken. Die Reisportionen auf Teller stürzen und mit je 2 Putenspießen sofort servieren.

Orecchiette mit Frischkäsesauce

Zubereitungszeit: ca. 30 Min.
Für 4 Personen
637,5 kcal · 18,5 g Fett · 26 %
54 g KH

2 rote Paprikaschoten
200 g Zuckerschoten
400 g Orecchiette
Salz
1 rote Zwiebel
2 Putenschnitzel (à 200 g)
2 EL Butterschmalz
weißer Pfeffer aus der Mühle
200 g Doppelrahm-Frischkäse
100 ml Milch
3 – 4 EL Anisschnaps
½ Bund Estragon

1. Die Paprikaschoten waschen, putzen und vierteln. Die Viertel quer in Streifen schneiden. Die Zuckerschoten waschen, putzen und halbieren.
2. Die Orecchiette in reichlich Salzwasser bissfest kochen. Etwa 3 Minuten vor Ende der Garzeit Paprika und Zuckerschoten zugeben, aufkochen und mitgaren lassen. Nudeln und Gemüse abgießen und abtropfen lassen.
3. Die Zwiebel schälen und in dünne Ringe schneiden. Die Putenschnitzel kalt abspülen, trockentupfen und längs halbieren. Die Hälften quer in etwa fingerdicke Streifen schneiden.
4. Das Butterschmalz erhitzen. Die Schnitzelstreifen und die Zwiebelringe darin rundum kräftig anbraten. Das Ganze salzen und pfeffern.
5. Frischkäse und Milch verrühren. Die Mischung zum Fleisch geben und alles einmal aufkochen lassen. Die Orecchiette zugeben und das Ganze eventuell mit Anisschnaps abschmecken. (Wenn Sie mit Kindern essen, den Schnaps weglassen).
6. Zum Schluss den Estragon waschen und trockentupfen. Die Blättchen abzupfen, grob hacken, über das Gericht streuen und servieren.

Gerichte mit Fleisch

Geschnetzeltes Lammkotelett

Zubereitungszeit: ca. 30 Min.
Für 4 Personen

1292 kcal · 26 g Fett · 19 %
230 g KH

1 kg Röhrchen-Nudeln
Salz
4 kleine Zucchini
4 kleine Tomaten
2 EL Butter
200 ml Brühe
6 Zweige Thymian
600 g Lammrücken ohne
 Knochen
4 EL Olivenöl
400 ml Lammfond

1. Die Röhrchen-Nudeln in sprudelndem Salzwasser bissfest kochen.
2. Die Zucchini waschen und in ovale Scheiben schneiden. Die Tomaten über Kreuz einritzen, kurz mit heißem Wasser überbrühen und abschrecken. Dann enthäuten und würfeln.
3. Die Zucchini kurz mit etwas Butter und Brühe andünsten. 2 Thymianzweige kurz waschen, fein hacken und zu den Zucchini geben.
4. Den Lammrücken kalt abspülen, trockentupfen, schnetzeln und leicht würzen. In einer Pfanne das Olivenöl erhitzen und das Fleisch darin braten. Aus der Pfanne nehmen. Dann den Bratensatz mit dem Lammfond ablöschen.
5. Die Nudeln mit dem Geschnetzelten und den Zucchini anrichten, mit dem Fond übergießen und zum Schluss mit den Tomatenwürfeln und restlichen Thymianzweigen garniert servieren.

Hähnchen in Tomaten-Sugo

Zubereitungszeit: ca. 35 Min.
Für 4 Personen

488,5 kcal · 14,5 g Fett · 27 %
48 g KH

180 g Vollkornreis
Salz
4 Hähnchenbrustfilets à 120 g
schwarzer Pfeffer aus der
 Mühle
edelsüßes Paprikapulver
2 Knoblauchzehen
2 Zwiebeln
je 2 gelbe und grüne Paprikaschoten
4 EL Olivenöl
400 g stückige Tomaten (Dose)
2 EL gerebelter Thymian
4 Zweige frischer Thymian

1. Den Reis in 360 ml leicht gesalzenem Wasser zum Kochen bringen und etwa 30 Minuten garen.
2. Inzwischen die Hähnchenbrustfilets kalt abspülen, gut trockentupfen und mit Salz, Pfeffer und Paprikapulver würzen. Knoblauch und Zwiebeln schälen und fein hacken. Die Paprikaschoten waschen, putzen und in mundgerechte Stücke schneiden.
3. Das Öl in einer beschichteten Pfanne erhitzen, das Hähnchenfleisch darin rundum goldbraun anbraten. Knoblauch, Zwiebel und Paprika zugeben und kurz mitbraten.
4. Die Tomaten in die Pfanne geben. Alles mit dem Thymian, Salz, Pfeffer und Paprikapulver abschmecken und 10–15 Minuten offen garen, sodass ein sämiger Sugo entsteht.
5. Die Hähnchenbrust aufschneiden und mit Tomaten-Paprika-Sugo und Reis anrichten. Mit dem frischem Thymian garniert servieren.

Rinderfilet mit Bandnudeln

Zubereitungszeit: ca. 30 Min.
Für 4 Personen

462 kcal · 15,5 g Fett · 30 %
49,3 g KH

250 g Rinderfilet
150 g Champignons
1 Knoblauchzehe
1 Schalotte
2 EL Öl
Salz
400 g aufgetauter TK-Blattspinat
1 EL Sojasauce
75 ml Gemüsebrühe (Instant)
1 Prise Zucker
400 g Bandnudeln
Ingwerpulver
schwarzer Pfeffer aus der Mühle

1. Das Fleisch kalt abspülen, trockentupfen und in sehr dünne, einige Zentimeter lange Streifen schneiden. Die Pilze putzen, säubern und in dünne Scheiben schneiden. Den Knoblauch und die Schalotte schälen. Die Schalotte fein hacken.

2. In einer großen Pfanne das Öl erhitzen, die Schalotte hineingeben und den Knoblauch dazupressen. 1 Prise Salz zugeben und alles einige Minuten andünsten. Darauf achten, dass das Gemüse nicht zu sehr bräunt.

3. Das Fleisch in die Pfanne geben und braten, bis es von allen Seiten leicht gebräunt ist. Pilze, Spinat, Sojasauce, Gemüsebrühe und etwas Zucker unterrühren und alles 10 Minuten bei schwacher Hitze garen.

4. Inzwischen die Nudeln in reichlich Salzwasser bissfest kochen. Die Nudeln abgießen, gut abtropfen lassen und mit dem Pfanneninhalt vermischen. Alles mit Ingwer, Salz und Pfeffer abschmecken und sofort servieren.

Würziges Fischragout

Zubereitungszeit: ca. 30 Min.
Für 4 Personen

195,5 kcal · 1,8 g Fett · 8 %
14,8 g KH

500 g Seelachsfilet
Zitronensaft
500 g Möhren
½ l Hühnerbrühe (Instant)
1 Lorbeerblatt
1 Stange Lauch
2 EL Speisestärke
4 EL trockener Weißwein
Salz
weißer Pfeffer aus der Mühle
3 – 4 TL geriebener Meerrettich (Glas)
1 Gewürzgurke
2 EL TK-Dill
1 Prise Zucker

1. Das Seelachsfilet mit kaltem Wasser abspülen, trockentupfen, in mundgerechte Würfel schneiden und mit dem Zitronensaft beträufeln. Die Möhren putzen, schälen, waschen und in Scheiben schneiden.
2. Die Hühnerbrühe mit dem Lorbeerblatt im Wok oder der Pfanne aufkochen. Die Möhrenscheiben darin etwa 8 Minuten garen.
3. Inzwischen den Lauch putzen, waschen und in Ringe schneiden. Die Lauchringe nach 5 Minuten Garzeit zu den Möhren geben.
4. Die Speisestärke mit dem Weißwein verquirlen, in die kochende Brühe einrühren und alles erneut aufkochen. Die Gemüsesauce mit Salz, Pfeffer und Meerrettich abschmecken.
5. Das Seelachsfilet unter das Gemüse heben und alles im geschlossenen Wok oder in der geschlossenen Pfanne bei schwacher Hitze 5 – 8 Minuten ziehen lassen.
6. Inzwischen die Gewürzgurke abtropfen lassen und würfeln. Die Gurkenwürfel kurz vor Ende der Garzeit zusammen mit dem gefrorenen Dill vorsichtig unter das Fischragout heben. Das Ragout mit Salz, Pfeffer und Zucker abschmecken.

Fischfilets mit Limettensauce

Zubereitungszeit: ca. 30 Min.
Für 4 Personen

124 kcal · 1,3 g Fett · 7 %
7 g KH

1 Knoblauchzehe
3 Schalotten
1 große, rote Chilischote
1 TL Honig
2 EL Sojasauce
Saft von 1 Limette
4 Fischfilets à 150 g (z. B. Wolfsbarsch, Petersfisch, Kabeljau)
2 EL Korianderblättchen

1. Den Knoblauch und die Schalotten schälen und fein hacken. Die Chilischote waschen und mit den Kernen fein hacken. (Wenn man nicht mit Haushaltshandschuhen arbeitet, danach sofort die Hände waschen).

2. Knoblauch, Schalotten und Chilischote in einen Wok oder eine Pfanne geben, 75 ml Wasser, Honig, Sojasauce und Limettensaft hinzufügen und alles zum Kochen bringen.

3. Inzwischen die Fischfilets kalt abspülen, mit Küchenkrepp trockentupfen und in den Wok geben. Alles im Sud zugedeckt bei milder Hitze in 5–10 Minuten gar ziehen lassen.

4. Die Fischfilets vorsichtig aus der Sauce heben und auf 4 Tellern anrichten. Etwas Sauce darüber gießen und das Gericht mit den gewaschenen Korianderblättchen bestreut servieren.

Gerichte mit Fisch

Schollenröllchen auf Blattspinat

Zubereitungszeit: ca. 25 Min.
Für 4 Personen

368 kcal · 8,5 g Fett · 21 %
37 g KH

1 Zwiebel
1 Stange Lauch
1 Knoblauchzehe
8 kleine Schollenfilets
Saft von ½ Zitrone
Salz
weißer Pfeffer aus der Mühle
150 g Schnellkochreis
2 EL Olivenöl
450 g TK-Blattspinat
2 EL Korinthen
1 Prise Muskatnuss
2 EL Meerrettich
2 EL Joghurt, 1,5 % Fett
1 kleine Tomate

1. Die Zwiebel schälen und fein würfeln. Den Lauch putzen, längs vierteln, waschen und quer in etwa 8 cm lange Streifen schneiden. Die Knoblauchzehe schälen.
2. Die Schollenfilets kalt abspülen, trockentupfen, mit Zitronensaft beträufeln, salzen und pfeffern. Den Lauch auf den Filets verteilen. Die Filets zusammenrollen und jeweils mit einem Holzstäbchen zusammenstecken.
3. Den Reis in Salzwasser etwa 8 Minuten kochen.
4. Eine beschichtete Pfanne mit 1 Esslöffel Öl erhitzen. Die Zwiebel darin glasig dünsten, den Knoblauch dazupressen.
5. Das restliche Öl in die Pfanne geben, die Schollenröllchen vorsichtig anbraten und wieder herausnehmen.
6. Den Spinat unaufgetaut in die Pfanne geben und kurz dünsten. Die Korinthen darunter rühren, mit Salz, Pfeffer und Muskatnuss würzen.
7. Röllchen auf den Spinat legen. Auf jedes einen Klecks Joghurt-Meerrettich-Gemisch geben. Alles abgedeckt etwa 5 Minuten dämpfen.
8. Den Reis abschütten und abtropfen lassen. Die Tomate waschen, vom Stielansatz befreien, in kleine Würfel schneiden, über das Gericht verteilen und sofort servieren.

Kabeljau in Dillsauce

Zubereitungszeit: ca. 30 Min.
Für 4 Personen

295 kcal · 9 g Fett · 28 %
25 g KH

600 g Kartoffeln
Salz
4 Kabeljaufilets
Saft von ½ Zitrone
schwarzer Pfeffer aus der Mühle
250 ml Weißwein
300 g Mangold
150 g Schmand, 24 % Fett
3 EL TK-Dill
1 Prise Muskatnuss

1. Die Kartoffeln waschen, schälen, in grobe Stücke schneiden und in Salzwasser etwa 20 Minuten kochen.
2. Die Kabeljaufilets kalt abspülen, trockentupfen, mit Zitronensaft beträufeln und mit Salz und Pfeffer bestreuen.
3. Den Weißwein in einem breiten Topf erhitzen. Den Mangold putzen, grobe Blattrippen flachschneiden und die Blätter waschen. Große Blätter längs halbieren und quer in Streifen schneiden.
4. Die Mangoldstreifen in den Topf geben und bei geschlossenem Deckel etwa 5 Minuten zusammenfallen lassen. Die Kabeljaufilets auf den Mangold legen und alles etwa 5 Minuten dünsten.
5. Die Fischfilets aus dem Topf nehmen und warm stellen. Den Schmand und Dill in den Weinsud geben und einkochen lassen. Mit Salz, Pfeffer und Muskatnuss abschmecken und den Fisch mit dem Mangold und den abgeschütteten Kartoffeln servieren. (Auf dem Foto)

Süße Hauptgerichte

Kokos-Bananen-Pfannkuchen

Zubereitungszeit: ca. 30 Min.
Für 4 Stück

544,8 kcal · 17,5 g Fett · 29 %
78,5 g KH

100 g Kokosraspel
50 g Zucker
200 ml Kokosmilch (Dose)
100 ml Bananensaft
1 Banane
Saft von 1 Zitrone
1 Packung Pfannkuchenteig für
   4 Pfannkuchen
2 EL Weizenkeimöl
3 Eier

1. Die Kokosraspel und den Zucker in eine Pfanne geben und unter stetigem Rühren goldbraun rösten. Mit der Kokosmilch ablöschen, den Bananensaft dazugeben und den Topf sofort vom Herd nehmen und erkalten lassen.
2. Die Banane schälen und in Würfel schneiden. Mit Zitronensaft beträufeln und beiseite stellen.
3. Den Pfannkuchenteig nach Packungsanleitung, aber mit dem Kokos-Bananen-Saft statt mit Wasser oder Milch zubereiten. Die Bananenstücke unterrühren und aus dem fertigen Teig in einer Pfanne mehrere Pfannkuchen backen.

Puddingsuppe mit Blaubeeren

Zubereitungszeit: ca. 20 Min.
(plus 2 Std. Kühlzeit)
Für 4 Personen

214 kcal · 4,3 g Fett · 18 %
34,5 g KH

1 l Vollmilch
40 g Vanillepuddingpulver
40 g Zucker
200 g Blaubeeren

1. Von der Milch etwa 100 ml abnehmen und damit das Puddingpulver anrühren. Die übrige Milch aufkochen.
2. Die Milch von der Kochstelle nehmen und das angerührte Puddingpulver hineingeben. Den Topf wieder auf die Kochstelle stellen und unter stetigem Rühren etwa 2 Minuten bei geringer Hitze kochen lassen. Den Zucker hinzugeben und den Pudding auskühlen lassen.
3. Die Blaubeeren verlesen, waschen und in einem Sieb abtropfen lassen. Wenn die Puddingmilch ausgekühlt ist, die Haut abnehmen und die Suppe mit einem Schneebesen cremig schlagen.
4. Die Suppe auf 4 tiefen Tellern verteilen und in jeden Suppenteller ein Viertel der Blaubeeren geben.

Tipp
Sie können die Suppe auch heiß servieren. Wenn Sie die Suppe mit Puderzucker bestäuben, bildet sich keine Haut.

Süße Hauptgerichte

Heidelbeerdatschi

Zubereitungszeit: ca. 30 Min.
Für 4 Personen

273 kcal · 8,5 g Fett · 28 %
37 g KH

100 g Weizenvollkornmehl
50 g Buchenweizenmehl
¼ TL gemahlene Vanille
Salz
1 TL abgeriebene Orangenschale
1 TL abgeriebene Zitronenschale
2 Eier
75 ml Milch
1 Schuss kohlensäurehaltiges Mineralwasser
15 g Butter
400 g Heidelbeeren
Puderzucker

1. Beide Mehlarten zusammen in eine hohe Rührschüssel geben. Vanille, Salz, Zitrusschalen, Eier, Milch und Mineralwasser zugeben und verquirlen.
2. Den Backofen auf 100 °C (Umluft 80 °C; Gas Stufe 1) vorheizen. Etwas Butter in einer Pfanne erhitzen. Einen Schöpflöffel Teig hineingeben, auseinander fließen lassen und auf der Unterseite kurz backen. Einige Heidelbeeren darüber streuen, den Datschi vorsichtig umdrehen und fertig backen. Im Ofen warm halten.
3. Diesen Vorgang wiederholen, bis der ganze Teig und alle Heidelbeeren verbraucht sind. Die Datschis vor dem Servieren mit Puderzucker bestäuben.

Nektarinen-Quark-Wrap

Zubereitungszeit: ca. 25 Min.
Für 4 Personen

307,5 kcal · 8,5 g Fett · 25 %
44 g KH

1 TL Öl
60 g Zucker
25 g gehackte Pistazien
4 Nektarinen (ca. 450 g)
½ Bund Zitronenmelisse
½ Vanilleschote
250 g Sahnequark, 20 % Fett
4 Weizenmehl-Tortillas

1. Ein tellergroßes Stück Alufolie mit dem Öl bepinseln. ⅔ von dem Zucker in einem schweren Topf bei mittlerer Hitze zu hellbraunem Karamell schmelzen lassen. Die Pistazien unterrühren, die Masse auf der Alufolie ausstreichen und abkühlen lassen.
2. Die Nektarinen waschen und würfeln. Die Zitronenmelisse waschen und trockenschütteln. Einige Blättchen beiseite legen, die restlichen hacken. Mit den Nektarinenwürfeln mischen.
3. Vanilleschote der Länge nach aufschneiden und das Mark herauskratzen. Das Mark mit dem restlichen Zucker und Quark verrühren. Die Nektarinen untermischen.
4. Den Pistazienkrokant in einen Gefrierbeutel geben und mit dem Nudelholz zerkleinern.
5. Die Tortillas erwärmen, den Nektarinenquark darauf verteilen und mit Krokant bestreuen. Die Tortillas zusammenrollen und mit der Zitronenmelisse garnieren.

Mango-Erdbeer-Wrap

Zubereitungszeit: ca. 30 Min.
Für 4 Personen

293,8 kcal · 6,5 g Fett · 20 %
41 g KH

1 reife Mango
250 g Erdbeeren
20 g kandierter Ingwer
1 EL Zucker
3 EL roter Portwein
250 g Magerquark, 0,3 % Fett
20 g Mandelstifte
4 Blätter Eisbergsalat
4 Kakao-Tortillas

1. Die Mango waschen, entsteinen und schälen, das Fruchtfleisch würfeln. Die Erdbeeren waschen, putzen und klein schneiden. Mango- und Erdbeerstücke mischen, beiseite stellen.
2. Den kandierten Ingwer hacken. Mit Zucker und Portwein mischen und unter den Quark rühren.
3. Die Mandelstifte in einer Pfanne ohne Fett unter Rühren hellbraun rösten.
4. Die Salatblätter waschen, trockenschleudern und in feine Streifen schneiden.
5. Die Tortillas erwärmen. Ingwerquark, Salatstreifen und Mango-Erdbeer-Mischung darauf verteilen, Mandelstifte darüber streuen. Die Tortillas zusammenrollen und sofort servieren.

Schokoknödel mit Bananen in Orangensauce

Zubereitungszeit: ca. 30 Min.
Für 4 Personen

443,8 kcal · 14,3 g Fett · 29 %
61,5 g KH

1 Packung Böhmische Knödel
etwas Weizenmehl
80 g Nuss-Nougat-Creme
   (12 TL)
Salz
2 Bananen
1 EL Butter
250 ml Orangensaft
1 EL Zucker
1 EL Feine Speisestärke
5 EL süße Sahne, 27 % Fett
evtl. 2 EL Grand Marnier
   (Orangenlikör)

1. Knödelmischung mit den Knethaken des Handrührgerätes in 125 ml kaltes Wasser einrühren und zu einem glatten Teig verkneten.

2. Mit bemehlten Händen den Teig nochmals durchkneten und 12 Knödel formen. Dabei jeweils 1 Teelöffel Nuss-Nougat-Creme in die Mitte geben. Die Knödel in einen großen Topf in reichlich kochendes, leicht gesalzenes Wasser legen. Mit geschlossenem Deckel 15 Minuten leicht kochen lassen.

3. Die Bananen schälen, längs halbieren, jeweils in 3 Stücke teilen. Butter in einer Pfanne zerlassen, Bananen bei starker Hitze kurz anbraten, warm stellen. 200 ml von dem Orangensaft mit Zucker und einer Prise Salz aufkochen.

4. Die Speisestärke mit dem restlichen Orangensaft mischen, einrühren und kurz aufkochen lassen. Sahne und evtl. Orangenlikör zugeben und Bananenstücke darin erhitzen. Die Knödel mit der Sauce servieren.

LOW FETT 30-Tabelle

	Menge (g/ml)	kcal	Fett (g)	Fett (%)	KH (g)
Getreideprodukte					
Weizenmehl Type 405	100	338	0,9	2	71
Buchweizenmehl	100	358	2,4	6	71
Weißbrot, 1 Scheibe	40	95	0,0	0	20
Fladenbrot	100	370	4,0	10	70
Knäckebrot, 1 Scheibe	10	30	0,0	0	7
Weizenmischbrot, 1 Scheibe	45	100	0,0	0	21
Haferflocken	100	375	6,3	15	63
Cornflakes	100	357	0,5	1	80
Nudeln, eifrei, roh	100	362	1,2	3	75
Vollkornnudeln, roh	100	343	3,0	8	64
Obst, Gemüse und Salat					
sind LOW FETT 30. Ausnahmen sind Oliven und Avocado					
Milch					
H-Milch, entrahmt	100	36	0,1	3	5
fettarm, 1.5%	100	49	1,6	29	5
H-Milch, 1.5%	100	47	1,5	29	5
Milchprodukte					
Kondensmilch, 4%	100	128	4,1	29	13
Dickmilch, entrahmt	100	32	0,1	3	4
Buttermilch	100	39	0,5	11	5
Joghurt, 1.5%	100	53	1,5	26	6
Joghurt aus Magermilch	100	39	0,1	2	5
Nestle LC 1 alle Geschmackssorten, 1,5%	125	116	2,0	16	18
Speisequark, mager	100	78	0,2	3	4
Ehrmann Allgäuer Speisequark 0%	100	57	0,2	3	4
Milram Fruchtquark Vanille	150	167	3,9	21	23
Milram Frühlingsquark leicht	100	82	2,6	29	4
Strothmann Bighurt alle Sorten ca.	100	49	0,1	2	8
Strothmann Reine Molke	100	21	0,1	4	4
Harzer Käse	100	126	0,7	5	0
Molke, süß	100	26	0,2	8	5
Kakaotrunk aus Magermilch	200	105	0,6	12	18
Nestle Nesquik trinkfertig	333	268	6,0	20	43
Eier					
1 Hühnereiklar	30–40	15	0,2	0	0
1 Hühnerei, Gewichtsklasse 6	48	90	7,0	70	0
1 Hühnereigelb	19	65	6,0	83	0

	Menge (g/ml)	kcal	Fett (g)	Fett (%)	KH (g)
Fleisch					
Hühnchenbrust ohne Haut	100	105	1,0	9	0
Hähnchenkeule ohne Haut	100	114	3,6	28	0
Schweinefilet	100	104	2,0	17	0
Schweineschnitzel	100	106	1,9	16	0
Rindermuskelfleisch (ohne Fett)	100	102	1,9	17	0
Rinderfilet	100	121	4,0	30	0
Tatar (vom Rind)	100	112	3,0	24	0
Kalbsfilet	100	95	1,4	13	0
Kalbsschnitzel	100	99	1,8	16	0
Lammbrust	100	381	3,7	9	0
Lammfilet	100	112	3,4	27	0
Reh, Keule	100	97	1,3	12	0
Reh, Rücken	100	122	3,6	27	0
Rinderleber	100	121	2,1	16	5
Straußenfleisch	100	97	2,0	19	0
Pferd (Muskelfleisch)	100	107	2,7	23	0
Hase	100	113	3,0	24	0
Wurstwaren					
Lachsschinken	100	133	1,0	7	0
Herta Finesse Truthahn-Brust	100	101	1,0	9	0
Herta Rohschinken-Würfel	100	109	2,0	17	0
Herta Truthahn-Brust Boston	100	108	2,0	17	0
Herta Schinken-Streifen	100	107	2,0	17	0
Herta Urtyp-Schinken	100	120	4,0	30	0
Fisch					
Fisch sehr mager: Kabeljau, Schellfisch, Zander, Schleie, Flunder, Barsch, Seelachs, Hecht, i. D.	100	80	0,8	9	0
Fisch mager: Seezunge, Steinbutt, Scholle, Heilbutt, Forelle, Seehecht, Katfisch, i. D.	100	100	2,4	22	0
sonstige Meerestiere					
Tintenfisch	100	68	0,8	11	0
Schalentiere (Krebs, Languste, Hummer, Garnele), i. D.	100	80	1,0	11	0
Muscheln, i. D.	100	54	1,3	22	0
Nüsse und Samen, Fett und Öle					
sind NIE LOW FETT 30					
Fertiggerichte					
Maggi Wirtshaus Nudelpfanne „Försterin"	168	637	11,1	16	107
Maggi Pasta Snack Nudeln in Pilzsauce	68	253	4,1	15	42
Maggi Nudelgratin mit Tomaten und Schinken	175	677	14,2	19	110
Nestle Tortelloni Ricotta e Spinaci Freschi	125	380	10,0	24	60

	Menge (g/ml)	kcal	Fett (g)	Fett (%)	KH (g)
Gewiko Sauerbraten	100	99	1,8	16	13
Gewiko Chop Suey	100	107	2,6	22	15
SSonnen Bassermann Sauerbraten, 1 Packung	480	482	11,5	21	59
Du darfst Pilzragout, 1 Packung	350	805	21,0	23	123
Du darfst Rindergulasch, 1 Packung	400	1480	40,0	24	160
Du darfst Kabeljaufilet in heller Soße, 1 Packung	350	1012	28,0	25	70
Du darfst Kasseler Schulterbraten, 1 Packung	400	1072	32,0	27	108
Du darfst Putenbrust in Salbeisauce, 1 Packung	350	1215	38,5	29	133
Du darfst Schweinegeschnetzeltes, 1 Packung	400	1240	40,0	29	128
Du darfst Gemüsetopf Sizilien, 1 Packung	350	1071	35,0	29	158
Erasco Griech. Reispfanne „Korfu"	370	614	20,0	29	88
Erasco Hühnerfrikassee	480	481	13,4	25	57
Erasco Rindergulasch	480	484	13,9	26	57
Tiefkühlprodukte					
1. Gemüse					
Iglo Apfel-Rotkohl	100	65	1,7	24	11
Iglo Farmers-Gemüse	100	35	0,2	5	5
Iglo Gourmet-Gemüse	100	42	0,2	4	7
Iglo Gemüse-Burger, 1 Stück	75	75	0,8	9	14
schnefrost Spinat-Gnocchi	100	144	1,0	6	31
bofrost Feinschmecker Pilzmischung 731	100	15	0,3	18	2
Agrarfrost Kartoffel-Auflauf Brokkoli	100	86	2,0	21	14
eismann Gemüse-Reis-Pfanne 5461	100	81	1,0	11	15
eismann Gemüsekomposition mit Romanesco 5475	100	40	1,0	23	7
Dr. Schnetkamp Vollwert-Küche Blumenkohl-Käse-Medaillon, 1 Stück	100	123	2,0	15	20
Dr. Schnetkamp Vollwert-Küche Gemüse-Rösti, 1 Stück	100	80	1,0	11	18
Reformhaus Tortilla-Cornies, 1 Packung	175	649	8,8	12	128
Reformhaus Grünkern Crossies, 1 Packung	175	698	18,7	24	106
2. Kartoffeln					
schnefrost Semmelknödel, 1 Stück	75	126	1,5	11	23
schnefrost Rösti (Schweizer Art), 1 Stück	100	83	1,0	11	18
schnefrost Kartoffel Omelettes	100	152	1,0	6	33
schnefrost Gnocchi	100	141	1,0	6	29
bofrost Kartoffelklöße 657, 1 Stück	74	85	0,5	5	19
bofrost schwäb. Schupfnudeln 669	100	151	1,3	8	31
bofrost Backofen Frites 649	100	169	5,7	30	26
Agrarfrost Kartoffel-Klöße halb & halb, 1 Stück	75	91	0,8	7	20
Agrarfrost Backfrites 3%	100	147	3,0	18	27
Agrarfrost Knuspergold, Backofen Feinschnitt	100	149	5,0	30	24
McCain Kartoffelpuffer, 1 Stück	80	120	1,6	12	22

	Menge (g/ml)	kcal	Fett (g)	Fett (%)	KH (g)
McCain Steak Frites	100	134	4,0	27	24
McCain Potao Wedges American Style	100	132	4,0	27	23
McCain 1.2.3.Frites	100	157	5,0	29	28
3. Tiefkühl-Fisch und Fischgerichte					
Costa Surimi	100	108	0,3	3	19
Costa Garnelen	100	78	0,8	9	0
Costa Regenbogenforellen, 1 St., ausgenommen	250	283	8,5	27	0
Costa Bouillabaisse	100	46	1,5	29	3
Costa Jakobsmuschelfleisch	100	56	0,8	13	1
Costa King Prawns	100	78	0,8	9	0
bofrost Alaska-Seelachsfilet 471	100	74	0,4	5	0
eismann Garnelen im Knusperteig 6363	100	141	1,0	6	20
eismann Jumbo-Fischstäbchen 6025, 1 Stück	50	61	0,5	7	8
eismann Zanderfilet 6238, 1 Stück	900	801	9,0	10	9
Iglo Fisch-Frikadellen, 1 Stück	62,5	84	1,3	13	11
4. Tiefkühl-Fleisch und Fleischgerichte					
eismann Reispfanne „India" 7437	100	97	1,0	9	18
eismann Nasi Goreng 7430	100	123	3,0	22	16
eismann Hähnchenroulade „Kartoffel-Lauch" 7374, 1 Stück	150	155	4,5	26	5
eismann Chicken Chips 8561	100	120	1,0	8	12
bofrost Chinesisches Schweinefleisch süßsauer 193	100	140	4,0	26	19
bofrost Sauerbraten in Soße 203	100	111	3,4	28	4
bofrost Truthahn-Schnitzel 292, 1Stück	115	112	1,2	9	0
bofrost Chop Suey Ente 195	100	100	1,7	15	14
bofrost Bihunsuppe 234	100	52	0,9	16	6
bofrost Nudelpfanne Milano 287	100	77	1,7	20	11
5. Tiefkühl Snacks, Pizzen					
bofrost Bruschetta Schinken-Käse 264, 1 Stück	38	75	2,3	27	10
bofrost Hawaii-Baguette 280, 1 Stück	125	293	7,5	23	43
eismann Pizza Fresco 7773, ganze Pizza	375	645	15,0	21	53
eismann Pizza Margherita 9489, ganze Pizza	340	717	23,8	30	92
Iglo Bistro Baguettes Champignon, 1 Stück	125	269	8,8	29	38
Iglo Bistro Baguettes Thunfisch, 1 Stück	125	270	8,8	29	36
Dr.Oetker Die Ofenfrische Pizza Campignon	100	185	6,0	29	25
Backwaren, Süßes					
bofrost Heidelbeer-Pfannkuchen 291, 1 Stück	85	111	1	7	20
bofrost Kaiserschmarrn 452	100	127	3	21	22
bofrost Obsttortenvielfalt 853, 1 Stück	116	210	7	30	36
bofrost Himbeer-Käse-Sahnetorte 902, im Stück	1500	2580	75	26	420
eismann Apfel-Gitter-Kuchen 8254, 1 Stück	110	218	7	27	37
Coppenrath & Wiese Alt-Böhmischer Erdbeer-Rhabarber-Kuchen, ganzer Kuchen	1250	2725	88	29	425

LOW FETT 30-Tabelle

Rezeptverzeichnis

Ananas-Puten-Sandwich 22
Asia-Glasnudeln aus
  dem Wok 53
Asiatische Hühnersuppe mit
  Reis und Eierblumen 34
Austernpilzpfanne 48

Badische Grünkernsuppe 30
Brokkoligemüse mit Tofu 55

Champignoncremesuppe 33
Chinakohl mit Cashew-
  kernen 46
Currylinsen 54
Curryspätzle 56

Farfalle in Erdnusssauce 38
Fenchelsuppe 37
Feuertaschen 24
Fischfilets mit Limetten-
  sauce 65
Fitmacher-Salat 42

Gefülltes Fladenbrot 22
Geschnetzeltes Lamm-
  kotelett 62
Gnocchi mit Basilikum-
  pesto 50
Gnocchi mit Gemüse 51

Hähnchen in Tomaten-
  Sugo 62
Hähnchensalat im Tortilla-
  brot 18

Hamburger Seemanns-
  garn 20
Hawaiischnitten 26
Heidelbeerdatschi 70
Hühnersuppe mit Kokos 34

Kabeljau in Dillsauce 66
Kartoffel-Garnelen-Suppe 36
Kokos-Bananen-Pfann-
  kuchen 68
Kopfsalat „Norddeutsche
  Art" 40

Lachsschinken-Melone-
  Wrap 28
Leichter Kartoffelsalat 39
Löwenzahnsalat mit
  Croûtons 40

Mango-Erdbeer-Wrap 71

Nektarinen-Quark-Wrap 70
Nudel-Mais-Salat
  mit Feigen 44

Orangen-Nuss-Salat 38
Orecchiette mit Frischkäse-
  sauce 60

Panzanella 27
Puddingsuppe mit Blau-
  beeren 68
Putengeschnetzeltes mit
  Mais 58

Putenspieße mit rotem
  Reis 58

Reisnudelsuppe 36
Rinderbouillon mit Grieß-
  klößchen 30
Rinderfilet mit
  Bandnudeln 63
Roter Linseneintopf 32

Scharfe Kartoffelsuppe 31
Scharfer Geflügelsalat 43
Scharf-saures Gemüse 47
Schokoknödel mit Bananen
  in Orangensauce 72
Schollenröllchen auf Blatt-
  spinat 66
Semmelknödel auf Rucola mit
  Radieschen-Vinaigrette 28
Spaghetti mit Paprika-Gemüse-
  Sauce 50
Spaghetti mit roher Tomaten-
  sauce 48
Spinat-Parmesan-Risotto 57

Vegetarisches Wok-
  gericht 54
Vollkornnudeln mit
  Brokkoli 52

Würziges Fischragout 64

Register

Ballaststoffe 8–9
Bewegung 6

Einkaufsplanung 10

Fertigprodukte 11
Fett 8
Fettformel 5

Hinweise zu den
  Rezepten 15

Insulinspiegel 8

Kohlenhydrate 8
Küchenorganisation 12

Low Fett 30
  - Prinzip 5–9
  - Regeln 5–6
  - Rezepte 16–72

Nährwertangaben 5; 15

Psychotricks 6

Tabelle 74–77

Vorratsliste 11–12

Wiegen 7

Nützliche Adressen

Unter folgender Adresse erhalten Sie für 12,50 DM als V-Scheck eine Broschüre, die alle wichtigen Basisinformationen und jede Menge Produktinfos enthält:

LOW FETT 30 GmbH & Co. KG
Volksgartenstraße 85
D-41065 Mönchengladbach
Fax: 02161 / 48 18 78
Internet: www.lowfett.de
E-Mail: info@lowfett.de

Allgemeine Informationen und Empfehlungen zur Ernährung:

Deutsche Gesellschaft
für Ernährung e.V.
Im Vogelgesang 40
D-60488 Frankfurt/M,
Tel.: 069 / 97 68 03-0
Fax.: 069 / 97 68 03-99

Auswertungs- und Informationsdienst für Ernährung, Landwirtschaft und Forsten (aid) e.V.
Konstantinstraße 124
D-53179 Bonn
Tel.: 0228 / 84 99-0
Fax.: 0228 / 9 52 69 52

Im FALKEN Verlag sind zahlreiche Titel zum Thema „LOW FAT 30" erschienen.
Sie erhalten sie überall dort, wo es Bücher gibt.

Sie finden uns im Internet: **www.falken.de**

Dieses Buch wurde auf chlorfrei gebleichtem und säurefreiem Papier gedruckt.

Der Text dieses Buches entspricht den Regeln der neuen deutschen Rechtschreibung.

Unter folgender Adresse erhalten Sie für 12,50 DM als Verrechnungsscheck eine Infobroschüre, die alle wichtigen Basisinformationen und jede Menge Produktinfos enthält:

LOW FETT 30 GmbH & Co. KG
Volksgartenstraße 85
D-41065 Mönchengladbach
Telefax: 02161/481878
Internet: www.lowfett.de
E-mail: info@lowfett.de

ISBN 3 8068 2790 7

© 2001 by FALKEN Verlag in der Verlagsgruppe FALKEN/Mosaik,
einem Unternehmen der Verlagsgruppe Random House GmbH, 65527 Niederhausen/Ts.
Die Verwertung der Texte und Bilder, auch auszugsweise, ist ohne Zustimmung des Verlags urheberrechtswidrig und strafbar. Dies gilt auch für Vervielfältigungen, Übersetzungen, Mikroverfilmung und für die Verarbeitung mit elektronischen Systemen.

Umschlaggestaltung: Peter Udo Pinzer
Gestaltung: Horst Bachmann und Ulrich Klein
Redaktion: Bettina Snowdon
Lektorat: Gisela Pohlkemper, Mainz
Herstellung: Ortrud Müller
Umschlagfoto: Klaus Arras, Köln
Rezeptfotos: Ulrich Kopp, Füssen: Seite 19 und 22; **Michael Brauner**, Karlsruhe: Seite 21, 25, 46, 47, 49, 55, 59, 64 und 67; **Klaus Arras**, Köln: Seite 27, 33, 39, 43, 52, 63, 65 und 71; **Carsten Eichner**, Hamburg: Seite 31, 32, 42, 51, 53 und 57; **Reiner Schmitz**, München: Seite 29 und 73; **Dirk Albrecht**, Meinerzhagen: Seite 56; **Wolfgang Feiler**, Karlsruhe: Seite 35 und 69; **Martin Krapohl**, Düsseldorf: Seite 41; **Falken Archiv:** Seite 45 und 61
Weitere Fotos im Innenteil: Jan C. Brettschneider, Hamburg: Seite 16/17; **Falken Archiv:** Seite 4 bis 15

Die Ratschläge in diesem Buch sind von den Autorinnen und vom Verlag sorgfältig erwogen und geprüft, dennoch kann eine Garantie nicht übernommen werden. Eine Haftung der Autorinnen bzw. des Verlags und seiner Beauftragten für Personen-, Sach- und Vermögensschäden ist ausgeschlossen.

Satz: Peter Beckhaus, Mainz
Reproduktion: Lithotronic, Frankfurt
Druck: Appl, Wemding
817 2635 4453 6271